AF636842

WIR SIND DIE EXPERTEN
FÜR IHRE KANADA-REISE
CANUSA TOURISTIK GmbH & Co. KG
Telefon: (0 40) 22 72 53-0 | Persönliche Beratung und
Buchung in sieben CANUSA-Büros: Hamburg | Berlin |
Hannover | Köln | Frankfurt | Stuttgart | München
canusa.de

IMPRESSUM

Kanada – Rocky Mountains
50 Highlights abseits der ausgetretenen Pfade
Laura Kaiser & Christoph Schaarschmidt

Bibliografische Information der Deutschen Bibliothek
Die Deutsche Bibliothek verzeichnet diese Publikation in der deutschen Nationalbibliografie. Detaillierte bibliografische Daten sind im Internet über portal.dnb.de abrufbar.

© 2019 360° medien | Marie-Curie-Straße 31 | 40822 Mettmann
www.360grad-medien.de

Das Werk ist in allen seinen Teilen urheberrechtlich geschützt. Jede Verwertung außerhalb der engen Grenzen des Urheberrechtsgesetzes ist ohne Zustimmung des Verlags unzulässig. Dies gilt insbesondere für Vervielfältigungen, Übersetzungen, Mikroverfilmungen und die Einspeicherung sowie Verarbeitung in elektronischen Systemen.

Der Inhalt des Werkes wurde sorgfältig recherchiert, ist jedoch teilweise der Subjektivität unterworfen und bleibt ohne Gewähr für Richtigkeit, Vollständigkeit und Aktualität.

Redaktion und Lektorat: Christine Walter

Satz und Layout: Serpil Sevim-Haase, Lucas Walter

Gedruckt und gebunden:
Himmer GmbH Druckerei & Verlag | Steinerne Furt 95 | 86167 Augsburg
www.himmer.de

Bildnachweis: siehe Seite 240

ISBN: 978-3-947164-79-0
Hergestellt in Deutschland

www.360grad-medien.de

Laura Kaiser & Christoph Schaarschmidt

KANADA

ROCKY MOUNTAINS

50 Highlights abseits der ausgetretenen Pfade

360° medien

Vorwort

Berge, die sich in klaren Seen spiegeln, Wasserfälle, die an den Hängen herabstürzen, Wiesen, übersät von pinkfarbenem Fireweed, rotem Indian Paintbrush und gelbem Akelei, eine Herde Wapitis, die am Waldrand Rast macht: Tausende von Jahren waren es allein die Urvölker Amerikas, die in und von den Rocky Mountains lebten, die die Orte kannten, wo heiße Quellen sprudeln, wo die Jagd Erfolg hat und wo die niedrigsten Pässe über die Bergkette nach Westen führen. Auf den ersten Kontakt zu europäischen Einwanderern im 17. Jahrhundert folgten Jahrzehnte des Pelzhandels, der Kartierung, der Expeditionen in entlegene Täler. Tourismus war noch eine Sache einzelner Abenteurer.

Rund 130 Jahre ist es her, dass die kanadischen Rockies dann mit der Eröffnung des Fairmont Hotels im heutigen Banff zunehmend für Urlauber attraktiv wurden. Zur Finanzierung des Baus der Eisenbahnstrecke in den Westen erbaut, erfüllte sich schon bald das Ziel des damaligen Geschäftsführers der Canadian Pacific Railway, William Cornelius Van Hornes: „Da wir die Landschaften nicht exportieren können, müssen wir die Touristen importieren." Heute kommen sie von allein: rund 8,4 Millionen von Anfang April 2017 bis Ende März 2018 in die fünf Nationalparks entlang der Bergkette. Der freie Eintritt 2017 anlässlich des 150. Geburtstages von Kanada mag zusätzlich Reisende angelockt haben. Zuwachs lässt sich aber schon länger erkennen: Seit 2009 ist die Besucherzahl von Banff, dem populärsten Nationalpark, um rund eine Million gestiegen.

2017 durften die Autorin und ihr Partner und Fotograf die Rocky Mountains ausführlich kennenlernen. Sie lebten in Banff, als die Seen ringsum alle zu Eis erstarrt waren, und auch noch, als Wildblumen und Waldbrände einen heißen Sommer einläuteten. Sie standen eines Vormittags mit nur wenigen anderen am Moraine Lake, als auf dem berühmten See noch Eisplatten trieben. Sie kehrten ein paar Wochen später zurück – vor Sonnenaufgang – und ergatterten gerade noch einen Parkplatz. Ein Jahr später, auf Recherchereise für dieses Buch, verzichteten sie ganz auf einen Besuch: 2018 wurde die Zufahrt ab 6:30 Uhr gesperrt. Zu viele wollten den See fotografieren.

Doch sie haben eine gute Nachricht: Nicht nur Frühaufsteher werden belohnt. Auch jene, die weniger namhafte Orte besuchen oder gerne wandern, können noch Berglandschaften und *wildlife* erleben, ohne ihre Erlebnisse mit Tausenden teilen zu müssen. Denn mit 180.000 Quadratkilometern nimmt das Gebirge flächenmäßig etwa die Hälfte Deutschlands ein. Die kanadischen Rockies erstrecken sich über rund 1600 Kilometer von der US-amerikanischen Grenze im Süden bis in den Norden von British Columbia, rund 150 Kilometer von der Prärie Albertas im Osten zu den Seen und Feuchtgebieten im Rocky-Mountain-Graben im Westen. Postkartenmotive gibt es nicht nur am Lake Louise, sondern auch am Berg Lake und Dutzenden anderen. 1600 Kilometer Wanderwege hat allein der Banff National Park. Campingplätze bieten auch in Kananaskis idyllische Aussichten.

Dieses Buch empfiehlt 50 von unzähligen, lohnenswerten Zielen, sowohl in den Nationalparks Banff und Jasper als auch in den Provinzparks und in den Orten ringsum. Manche muss man erwandern, andere, wie die Museen, bieten Muse auch an Regentagen. Widmen möchten wir dieses Buch unseren Eltern, die unsere Reisepläne immer unterstützt haben, und allen, für die Reisen mehr als ein Abhaken von Sehenswürdigkeiten ist und die wie wir dem Kitzel der Neugier erliegen, um herauszufinden, was hinter dem nächsten Pass liegt.

Laura Kaiser & Christoph Schaarschmidt, Februar 2019

Inhaltsverzeichnis

Baffin Bay
KANADA
NORTHWEST TERRITORIES
NUNAVUT
Iqaluit
YUKON
Yellowknife
Whitehorse
Hudson Bay
BRITISH COLUMBIA
ALBERTA
SASKATCHEWAN
MANITOBA
NEWFOUNDLAND & LABRADOR
QUÉBEC
Edmonton
ONTARIO
Regina
Winnipeg
Victoria
Québec
St. John's
Charlottetown
USA
1 NEW BRUNSWICK
2 PRINCE EDWARD ISLAND
3 NOVA SCOTIA
Ottawa
Fredericton
Halifax
Toronto

BRITISH COLUMBIA
ALBERTA
KANADA
ROCKY MOUNTAINS
Edmonton
Calgary
USA
8
7
6
2
1
5
4
3
KAPITEL
1. IM BANFF NATIONAL PARK
2. YOHO NATIONAL PARK & KOOTENAY NATIONAL PARK
3. IM SÜDEN VON BRITISH COLUMBIA
4. IN DEN BERGEN SÜD-ALBERTAS
5. KANANASKIS UND UMGEBUNG
6. AM ICEFIELDS PARKWAY UND IM JASPER NATIONAL PARK
7. AUF DER OSTSEITEDER ROCKIES IN ALBERTA
8. IM NORDEN DER ROCKIES

Im Banff National Park

1. Wo Banffites ihre Sommernachmittage verbringen
2. Rundwanderung über den Cory Pass
3. Ausfahrt auf dem Bow Valley Parkway: Fotomotive und wilde Tiere
4. Lohnende Tagestour am Bow Valley Parkway zum Rockbound Lake
5. Hinter jedem Pass eine neue Landschaft: Im Hinterland von Lake Louise

Der Blick über die Cascade Ponds zum Mount Rundle

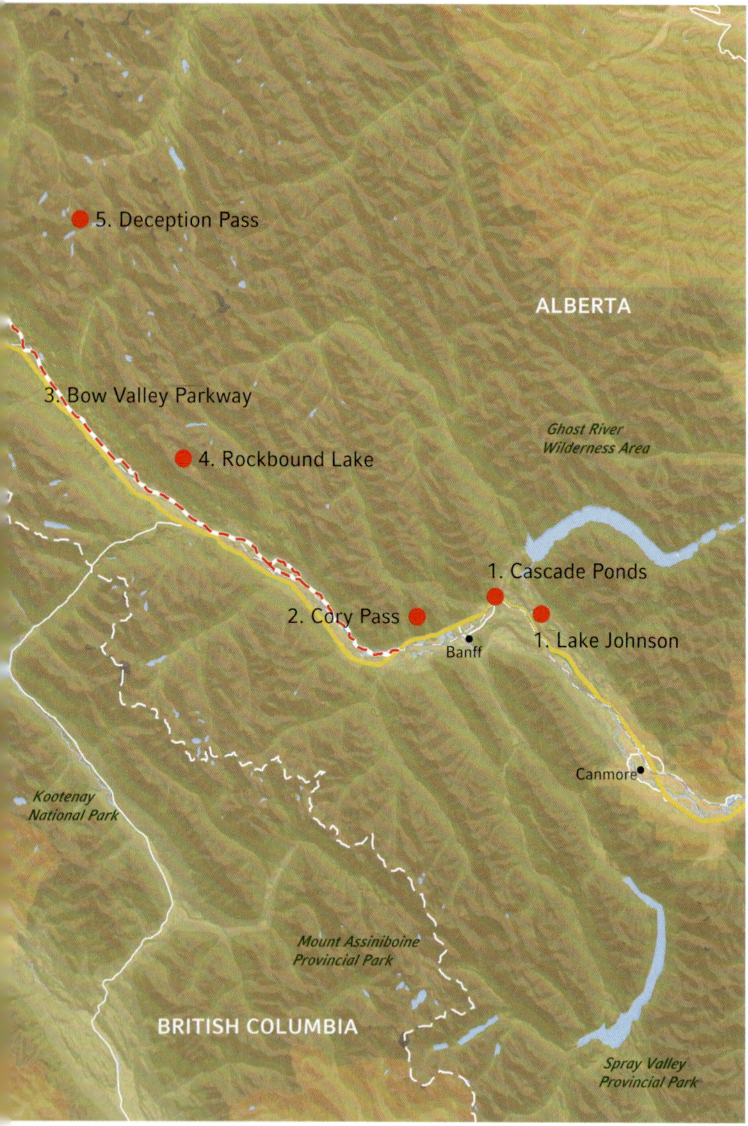
5. Deception Pass
ALBERTA
3. Bow Valley Parkway
4. Rockbound Lake
Ghost River
Wilderness Area
1. Cascade Ponds
2. Cory Pass
1. Lake Johnson
Banff
Canmore
Kootenay
National Park
Mount Assiniboine
Provincial Park
BRITISH COLUMBIA
Spray Valley
Provincial Park

1. Wo Banffites ihre Sommernachmittage verbringen

Am idyllischen Lake Minnewanka Scenic Drive nördlich von Banff mangelt es nicht an schönen Stopps. Lake Johnson und die Cascade Ponds sind nicht nur für Fotografen interessant, sondern auch für alle auf der Suche nach Entspannung.

Noch bedeckt Eis den Johnson Lake, im Sommer wird hier gebadet.

Warum sind die meisten Seen in den Rocky Mountains türkisblau? Weil sich Steinmehl am Grund absetzt und verursacht, dass das einfallende Licht anders gebrochen wird. Dieses Steinmehl entsteht, wenn sich ein Gletscher über Gestein bewegt. Beim Schmelzen gelangt es in Bäche und schließlich in die Seen. Das bedeutet aber auch: Diese Gewässer sind eiskalt! Anders die Cascade Ponds und Lake Johnson wenige Fahrminuten von Banff. Sie beeindrucken vielleicht nicht durch ihre Farbe, dafür sind sie im Sommer gerade warm genug zum Schwimmen.

Die Cascade Ponds liegen zu Füßen des mächtigen Cascade Mountain, Hausberg von Banff und 2998 Meter hoch. Vom Ufer und der Holzbrücke aus hat man auch einen fantastischen Blick auf Mount Rundle im Südosten sowie die fernen Gipfel rings um den Lake Minnewanka wie Mount Aylmer im Norden. Die zahlreichen Tische, Bänke und Feuerstellen werden von Urlaubern wie Einheimischen gern zum Picknicken und Grillen genutzt. Holz dafür wird in der Regel von Parks Canada, der staatlichen Nationalparkverwaltung, zur Verfügung gestellt, wenn die Waldbrandgefahr nicht zu hoch ist. Wiesen laden zum Sonnenbaden ein. Für Regenwetter stehen zwei überdachte Picknickhäuschen samt Ofen bereit.

Übrigens: Gegenüber der Einfahrt zu den Cascade Ponds beginnt hinter dem Parkplatz ein kurzer Wanderweg zu dem Wasserfall, der Cascade Mountain seinen Namen gab. Der Pfad quert die Wiese, ein paar Baumreihen und steigt dann zwischen Beerenbüschen und über etwas loses Gestein zum Fuß des Wasserfalls auf. Von dort hat man eine schöne Aussicht auf Banff, Tunnel Mountain und Mount Rundle, wenn auch mit dem Highway im Vordergrund.

Die Brücke über die Cascade Ponds

Der Johnson Lake liegt nur wenige Fahrminuten entlang malerischer Landschaften entfernt. Sichtungen von Wapiti-Herden an den Wiesen sind häufig. Da die Tiere, besonders in der Brunftzeit oder in Begleitung von Jungtieren, dazu neigen, ihren Platz zu verteidigen, sollten Betrachter mindestens 30 Meter Abstand halten und am besten im Auto bleiben. Am See angekommen, stehen ein großer Parkplatz und Toilettenhäuschen zur Verfügung. Der kleine Sandstrand ist an Sommernachmittagen meist schnell belegt, aber auf den Wiesen, Felsen und Picknickbänken findet sich meist noch ein Platz. Zunächst geht es flach ins Wasser, dann wird es aber tief genug zum Schwimmen. Am anderen Ufer hängt manchmal ein Seil zum Hineinschwingen. Beachten: Rettungsschwimmer gibt es hier keine! Auf dem Johnson Lake lohnt es sich, Kajak oder Paddleboard mitzubringen (Ausleihen im Ort möglich), um die ruhigeren, hinteren Buchten zu erkunden.

Alternativ führt ein einfacher Rundweg rings um den See. Auf 3,5 Kilometern erlebt man Wiesenblumen, dichten Fichten- und Pinienwald, quert Bäche und hat immer mal wieder freie Sicht auf Mount Rundle oder Cascade Mountain. Nach etwa einem Kilometer kann man rechter Hand im Wald die alte Hütte eines Einsiedlers entdecken; ein Mann namens Bill Carver soll in den 1940er-Jahren hier gelebt haben. Da der See tief liegt, wird der Weg im Canadian Rockies Trail Guide als einer erwähnt, den man bereits früh im Jahr erkunden kann, da er eher als andere schneefrei ist. Empfohlen wird, gegen den Uhrzeigersinn zu laufen. Etwa eine Stunde sollte man einplanen. Besonders abends, wenn die meisten Badegäste aufbrechen, wird es ruhig am See. Fotografen sind dann vor allem am Two Jack Lake oder auch an den Vermilion Lakes anzutreffen. Tolle Spiegelungen im ruhigen Wasser gelingen aber auch hier. Oder man folgt dem Rundweg vom Parkplatz aus im Uhrzeigersinn nur ein kurzes Stück um eine flache Bucht: Danach trifft er auf eine offene Wiese, von der aus man beobachten kann, wie das letzte Sonnenlicht Mount Rundle beleuchtet.

Info

Lage:

- Cascade Ponds, Lake Minnewanka Scenic Drive, Banff, AB T1L 1A, GPS: 51.21175, -115.5338782
- Johnson Lake, Johnson Lake Rd, Improvement District No. 9, AB T1L 1K, GPS: 51.196693, -115.482599

Anfahrt:

- Von Banff auf der Banff Avenue nach Norden aus der Stadt fahren, unter der Highway-Brücke hindurch weiter geradeaus und bei erster Gelegenheit rechts abbiegen. Dies bringt einen zum Parkplatz an den Cascade Ponds.
- Zum Lake Johnson: Weitere 700 m auf dem Lake Minnewanka Scenic Drive geradeaus fahren, dann rechts abbiegen und an der nächsten Kreuzung ebenfalls rechts in die Johnson Lake Road einbiegen.
- Alternative: Am Bahnhof oder an der Banff Avenue in einen Bus der Linie 6 steigen (Einzelfahrt 2 CAD).

Eintritt: Tagespass für den Nationalpark 9,80 CAD für Erwachsene

Aktivitäten: schwimmen, wandern, picknicken, paddeln

Unterkünfte:

- Two Jack Main Campground, großer, einfacher Waldzeltplatz ohne Strom oder Duschen, manche Stellplätze mit Feuerstellen, Picknickhütten vorhanden, für Zelt oder RV 21,50 CAD, Lake Minnewanka Scenic Drive, Banff, AB T1L 1A1, 2 km vom Abzweig zum Johnson Lake, Tel.: +1 877 737 3783, reservation.pc.gc.ca/Banff
- Two Jack Lake Campground, am See im Wald gelegen, Duschen vorhanden, für Zelt oder RV 27,40 CAD, für Otentik (festes, geräumiges Zelt für bis zu 6 Personen, mit Betten ohne Bettzeug, Licht, Strom, Heizung und BBQ) 120 CAD, Lake Minnewanka Scenic Drive, Banff, AB T1L 1A1, 2 km vom Abzweig zum Johnson Lake, Tel.: +1 877 737 3783, reservation.pc.gc.ca/Banff
- Weitere Campingplätze, zahlreiche Hotels und Bed&Breakfasts in Banff, banfflakelouise.com/accommodation

Webseite: banff.ca/index.aspx?NID=105

Hinweis: Bei Fischen aus dem Johnson Lake wurde die Drehkrankheit festgestellt. Sie ist nicht gefährlich für Menschen, aber für Fischpopulationen. Deshalb bittet Parks Canada darum, sämtliches Wassersportequipment zu reinigen und zu trocknen, bevor es woanders verwendet wird. Angeln ist verboten. Weitere Hinweise gibt es auf Schildern vor Ort.

2. Rundwanderung über den Cory Pass

Wer im Banff National Park nur Zeit für eine Wanderung hat, dem sei die Route zum Cory Pass empfohlen. Sie ist zwar lang, aber vereint verschiedenes Terrain in einer Tour – von Wäldern und Wiesen zu bizarren Felsformationen und Hochgebirgslandschaften.

Blick zurück auf die Vermilion Lakes

915 Höhenmeter – diese Wanderung hat es in sich, obgleich nur 13 Kilometer lang. Deshalb nehmen sie aber auch nicht zu viele Touristen in Angriff. Dabei ist die Anfahrt von Banff kurz und der schweißtreibende Aufstieg wird belohnt, vor allem zur Wildblumenzeit im Juli. Im Frühjahr sollte man unter www.pc.gc.ca/apps/tcond oder im Nationalparkzentrum den aktuellen Zustand des Weges abfragen – nicht, dass man am Pass auf 2350 Metern eine eiskalte Überraschung erlebt. Der Canadian Rockies Trail Guide nennt den Cory Pass Loop übrigens „die spektakulärste Wanderung bei Banff". Viele Einheimische greifen seit seinem ersten Erscheinen 1971 bei Ausflügen auf den englischsprachigen Wanderführer von Brian Patton und Bart Robinson zurück.

Auf dem ersten Kilometer verläuft der Weg gemächlich durch für die Gegend ungewöhnlichen Mischwald, auch Pappeln stehen hier. Dann erreicht er eine Kreuzung: Geradeaus geht es zum Edith Pass, von dort erfolgt später der Rückweg. Links beginnt der steile Aufstieg zum Cory Pass, zunächst über offene Wiesen. Schon nach 600 Metern allerdings bietet sich ein Felsen linker Hand als Pausenplatz an. Vom Cory Knoll hat man eine weite Sicht über das Bow Valley, die Vermilion Lakes und die Feuchtgebiete ringsum zu den zahlreichen Gipfeln, die darüber wachen, vom Sulphur Mountain (2451 m) bis Mount Bourgeau (2930 m).

Die Pause sollte man sich nehmen, denn auch der nächste Abschnitt wird steil, bis der bewaldete Bergrücken erreicht ist und es auf dem Kamm

Letzter Abschnitt zum Pass auf 2350 Metern

flacher dahin geht. Von hier sieht man auch erstmals den Pass rechts unterhalb des mächtigen Mount Cory (2800 m). Am Ende des Bergrückens liegt die einzige Stelle, an der man seine Hände benötigt: ein kurzer, felsiger Abschnitt bergab, der aber keine allzu große Schwierigkeit darstellt, wenn man sich Zeit nimmt, die einfachste Route zu wählen. Bald darauf erreicht der Weg die Waldgrenze und führt nun an den großteils steinigen Abhängen des Mount Edith (2555 m) bergan. Der Weg ist gut befestigt, nur an einigen Stellen etwas schmal.

Schließlich ist der weitgehend kahle, schmale Pass erreicht, ein wenig Wiese zum Rasten und ein paar Steinbrocken als Windschutz finden sich auch hier. Der Rundweg führt nun über den Pass zwischen Mount Cory und Mount Edith, eingerahmt von Geröll und schrägen Felsformationen, die dem Tal den Namen Gargoyle Valley einbrachten, in Richtung Mount Louis. Er fällt durch seine 500 Meter hohe, aus nahezu gerade aufgerichteten Kalksteinschichten bestehende Südwand auf. Wanderstöcke erleichtern diesen Teil des Weges ungemein. Zum Teil auf losem Schutt geht es an den Hängen von Mount Edith bergab bis zum Ausgang des kleinen Hochtals, in dem man die Augen nach Dickhornschafen und Bergziegen offenhalten sollte.

Der Abstieg führt übers Geröll.

Dort, beim Blick hinab ins bewaldete Forty Mile Valley, gilt es sich rechts zu halten: nicht absteigen, sondern weiter um den Mount Edith herum. Der Pfad kann teilweise schwer zu erkennen sein, aber spätestens beim Wiedereintritt in den Wald, nach der Querung des Geröllfeldes, sind gelbe und pinkfarbene Markierungen sichtbar. Nun folgen bewaldete Abschnitte und solche, die von Lawinen freigelegt wurden. Eine schmale Abzweigung nach rechts sollte man ignorieren. Schließlich führt der Weg durch alten, bemoosten Wald, bevor er wieder auf die Kreuzung vom Anfang trifft. Bäche sind unterwegs Mangelware, ausreichend Wasser und Proviant sowie das obligatorische Bärenspray sind also mitzunehmen. Nach der anstrengenden Tagestour wartet am Parkplatz ein eiskalter Strom, in dem man sich die Füße kühlen kann.

Blick zurück vom Pass Richtung Bow Valley

Das bewaldete Forty Mile Valley

Info

Lage: Fireside-Picknickplatz am Beginn des Edith Pass Trail, GPS: 51.173989, -115.654631

Anfahrt: Von Banff aus in Richtung Lake Louise auf den Highway 1 fahren, Abfahrt zum Bow Valley Parkway (Highway 1a) nehmen, 500 m weiter rechts auf die Zufahrtsstraße zum Fireside-Picknickplatz abbiegen. Dort sind Toiletten und Picknickbänke am Bach vorhanden.

Unterkünfte: Zahlreiche Hotels, Bed&Breakfasts, Hostels und Campingplätze in Banff, zum Beispiel

- Hillside Cabins, Ferienbungalows in einer Nebenstraße mit zwei Queen-Betten, voll ausgestatteter Küche, TV und Wifi, Terrasse mit BBQ, 225 CAD pro Nacht, 452 Muskrat Street, Banff, AB, Tel.: +1 403 762 3408, E-Mail: chrissy@hillsidebungalows.com, hillsidebungalows.com

Webseite: pc.gc.ca/en/pn-np/ab/banff/activ/randonee-hiking/banff#cory

Hinweis: Wanderstöcke werden empfohlen und können im Ort ausgeliehen werden. Bärenspray und aktuelle Trailbedingungen gibt es im Nationalparkzentrum, 224 Banff Avenue, Banff, AB.

3. Ausfahrt auf dem Bow Valley Parkway: Fotomotive und wilde Tiere

Vor rund 100 Jahren erbaut, war Highway 1a einst die einzige Straße zwischen Lake Louise und Banff. Heute ist er die malerische Alternative zur vierspurigen Autobahn. Ideal für alle, für die der Weg das Ziel ist.

Auf dem Bow Valley Parkway Nähe Johnston Canyon

Die schnelle Verbindung zwischen Banff und Lake Louise ist der Highway 1, für die 50 Kilometer braucht man etwa eine halbe Stunde. Auf dem Bow Valley Parkway, der etwa genauso lang ist, wird man mindestens eine Stunde unterwegs sein, sollte sich aber mehr Zeit lassen. Denn schon die begrünten Brücken über dem neuen Highway zeigen: Nicht nur Autos, sondern auch viele Tiere verkehren in dem breiten Tal nördlich von Banff. Die Täler in den Rockies sind als Lebensraum, aber auch als Verbindung zwischen Lebensräumen gerade für Bären und Wölfe, die weite Wanderungen unternehmen, entscheidend, erklärt Parks Canada.

So auch der Bow Valley Parkway: Er führt mitten durch die montane Zone, die anders als subalpine und alpine Zonen Nahrung und freie Bewegung für viele Tierarten bietet, noch dazu liegt er auf der sonnigeren Seite des Tales. Ein Teil der Straße ist im Frühjahr nachts geschlossen, wenn Bären aus der Winterruhe aufwachen und viele Jungtiere geboren werden. Den Tipp, hier *wildlife* sehen zu können, hören Touristen immer öfter. Viele sind dann enttäuscht, auf ihrer Tour kein einziges Tier gesehen zu haben. Aber, wie Ranger betonen, das ist ein gutes Zeichen: Offenbar haben die Tiere genug Raum, sich frei zu bewegen, ohne sich in die Nähe von Menschen begeben zu müssen.

Schwarzbären kommen im Frühjahr zur Nahrungssuche ins Tal.

Wer auf der Suche nach Bär, Reh und Co. ist, kann seine Chancen steigern, indem er in den frühen Morgenstunden oder zur Abenddämmerung unterwegs ist. Dann ist das Licht wärmer, weniger Autos sind unterwegs, und viele Tierarten sind aktiver. Im Frühjahr zieht es Schwarzbären und Grizzlys nach der Winterruhe in die Täler, weil es hier bereits Nahrung für sie gibt. Dickhornschafe, Rehe und Wapitis schätzen das Nahrungsangebot der offenen Wiesen entlang der Straße. Bei Tierbegegnungen gilt: Nur anhalten, wenn es keinen Stau verursacht, im Auto bleiben und keineswegs Tiere füttern. Dabei nicht vergessen, nach oben zu schauen: Eulen und Fischadler gehören zu den größten Vögeln, die hier ebenfalls heimisch sind. So brütete in den letzten Jahren ein Fischadler in einem Nest direkt auf der Brücke auf dem Highway 93 an der Castle Junction.

Auch ohne Tiersichtung wird man es nicht bereuen, den Parkway genommen zu haben. Wunderbare Aussichten auf den Bow River und die Berge entlang des Tals machen die Fahrt lohnenswert. Ein Beispiel: der auffällige Castle Mountain (2766 m), der an eine uneinnehmbare steinerne Burg erinnert, die hoch oben über dem Tal thront. Am Aussichtspunkt Castle Cliffs erfährt man, dass die Einheimischen protestiert haben, als er 1946

Die Bahnlinie verläuft parallel.

zu Ehren des Generals Dwight D. Eisenhower umbenannt wurde – 1970 erhielt er seinen Namen zurück. Für eine Froschperspektive sollte man an der Castle Junction parken und über die Brücke Richtung Highway 93 spazieren. Rechts danach führt ein Pfad zum Ufer des Bow River. Das Tor im Zaun, das man dazu passieren muss, unbedingt wieder schließen! Von hier genießt man einen wunderbaren Blick das Tal hinauf.

Lohnenswerte und selten überlaufene Orte sind auch der Backswamp Viewpoint (3,1 km nach Beginn des Highways) mit Blick auf Feuchtgebiete im Tal, wo oft Fischadler und Kanadareiher gesichtet werden, der Mule Shoe-Picknickplatz (nach 5,5 km), mit einem kurzen Pfad zu einem Teich und häufigen Sichtungen von Wapitihirschen, Helmspechten und vielen anderen Vogelarten, sowie der Corral Creek (nach 47 km), eine ruhige Oase in der Nähe des oft so hektischen Dörfchens Lake Louise. Die Morant's Curve (nach 45,8 km) ist bei Fotografen ein beliebter Aussichtspunkt auf die Strecke der Canadian Pacific Railway, den Bow River und den beeindruckenden Mount Temple (3543 m).

Dickhornschafe bevorzugen Wiesenflächen.

Info

Lage: Highway 1a zwischen Banff und Lake Louise (48 km lang), GPS: Start 51.170625, -115.659917, Ende 51.424925, -116.161294

Anfahrt:

- Von Banff aus auf den Highway 1 Richtung Lake Louise auffahren, nach 6 km Abfahrt Bow Valley Parkway/Highway 1a nehmen.
- Von Lake Louise aus auf dem Lake Louise Drive aus der Stadt heraus fahren, auf der Brücke den Highway 1 überqueren und an der nächsten Kreuzung rechts auf den Bow Valley Parkway abbiegen.
- Dritter Zugang: Vom Highway 93 aus Richtung Kootenay National Park kommend nicht auf den Highway 1 auffahren, sondern geradeaus über den Bow River fahren. Links geht es nach Lake Louise, rechts nach Banff.

Öffnungszeiten: ganzjährig; Ausnahme: von 1. März bis 25. Juni ist der Abschnitt zwischen Banff und Johnston Canyon nachts (20 Uhr bis 8 Uhr) gesperrt, da die Straße dort einen wichtigen Lebensraum von Bären, Pumas und Wölfen kreuzt.

Eintritt: Tagespass für den Nationalpark 9,80 CAD für Erwachsene

Aktivitäten: Roadtrip, fahrradfahren, fotografieren, picknicken, wandern

Unterkünfte:

- HI Wilderness Hostel Castle Mountain, einfache Unterkunft mit Gemeinschaftsküche und -wohnzimmer, BBQ und Feuerstelle, Bett im getrennten Schlafsaal ab 29 CAD, an der Castle Junction, Highway 1A & Hwy 93 South, Banff, AB T1L 1B3, Tel.: +1 866 762 4122, E-Mail: central.res@hihostels.ca, hihostels.ca/en/destinations/alberta/hi-castle-mountain
- Baker Creek Mountain Resort, idyllisch gelegene Ferienanlage im Blockhausstil, mit *cabins* und Lodge-Räumen, z. B. Romantic Jacuzzi Suite für 2 mit Queen-Bett, Whirlpool, Kühlschrank und Mikrowelle ab 235 CAD pro Nacht, Bow Valley Parkway, 14 km nördlich von Castle Junction, Lake Louise, AB T0L 1E0, Tel.: +1 403 522 3761, E-Mail: frontdesk@bakercreek.com, bakercreek.com
- Nationalparkcampingplätze am Johnston Canyon, Castle Mountain und Protection Mountain, insgesamt 247 Stellplätze, kein Strom, Duschen nur am Johnston Canyon (27,40 CAD), sonst 21,50 CAD, Tel.: +1 877 737 3783, reservation.pc.gc.ca/Banff

Hinweis: Auf dem Parkway gilt die Höchstgeschwindigkeit von 60 km/h – zugunsten der Radfahrer und der Tiere, die jederzeit die Straße queren können. Anders als der Highway 1 ist er nicht eingezäunt.

4. Lohnende Tagestour am Bow Valley Parkway zum Rockbound Lake

Blühende Bergwiesen sind eine Faszination, der man sich im Sommer in den Rockies schwer entziehen kann. Als Alternative zu den beliebten Sunshine Meadows bietet sich das grüne Tal auf der Rückseite des Castle Mountain an. Zwei Seen gibt es als Bonus.

Wanderweg am Castle Mountain

Die Wanderung beginnt an einem Parkplatz unweit der Castle Junction, wo im Zweifel weitere Parkmöglichkeiten vorhanden sind. Für die insgesamt 16,8 Kilometer (hin und zurück) und 760 Höhenmeter im Aufstieg sollte man mindestens fünf bis sechs Stunden einplanen. Die ersten fünf Kilometer folgt der Weg einer ehemaligen Straße, die sich an den bewaldeten Hängen des Castle Mountain kontinuierlich nach oben windet. Erst wenn man etwa die Hälfte hinter sich gebracht hat, kann man gelegentlich Ausblicke auf Copper Mountain und Pilot Mountain auf der anderen Seite des Bow Valley erhaschen. Der Weg führt weiter um die Südspitze des Castle Mountain herum, bis er parallel zum Silverton Creek geradezu in das hochgelegene Tal an seiner Rückseite hineinführt.

Am Ufer des Tower Lake

Rund 300 Meter, nachdem aus der alten Straße ein schmaler Pfad geworden ist, können nach der Schneeschmelze einige Abschnitte sehr schlammig sein. Bäche werden allerdings trockenen Fußes auf Holzplanken überquert. Die nächsten rund 2,5 Kilometer sind Genuss-Wandern pur: Zum einen, weil in den Geröllfeldern unterhalb der Felswände des Castle Mountain Eisgraue Murmeltiere leben. Um sie zu entdecken, gilt es auf ihr Pfeifen zu lauschen oder Steinplatten nach ihnen abzuscannen – dort liegen die Tiere nämlich gern, um Sonne zu tanken. Zum anderen packt die Natur auf den Wiesen hier oben ihre volle Farbpalette aus: Gelbe Arnika, roter Indianerpinsel, lila Glockenblumen und weiß-gelbe Margeriten sind nur einige der Wildblumenarten, die den Wegesrand säumen.

Leben im Geröll: Eisgraue Murmeltiere

Nach 7,7 Kilometern ist das Ufer des Tower Lake erreicht, ein türkisgrüner Teich an der Flanke des Castle Mountain, umgeben von feuchtem Grasland. Der Weg folgt seinem rechten Ufer, quert auf einer Brücke einen Bach und trifft danach auf ein felsiges Kliff, die letzte, wenn auch kurze, Herausforderung vor dem Ziel. In Serpentinen geht es hinauf. Auf dem Felsrücken angelangt, führt ein kurzer Pfad nach links, von wo aus man einen fantastischen Blick zurück auf Tower Lake und Castle Mountain genießt. Zurück auf dem Hauptweg sind es nur noch wenige hundert Meter bis zum Rockbound Lake, der nach 8,4 Kilometern erreicht ist. Er liegt in einem durch Gletscher geformten Talkessel aus Kalkstein. Auf den Steinplatten am Ufer sind die Spuren der Erosion zu sehen. Moos, Gräser, Lärchen, Engelmann-Fichten und Felsengebirgstannen finden sich auch noch in dieser Höhe auf 2210 Metern.

Zur Linken liegt die Felskette des Castle Mountain, zur Rechten die Helena Ridge. Mit Stöcken ausgerüstet oder guter Trittsicherheit kann man dort Pfaden im Geröll noch etwas höher folgen, um einen Blick von oben auf den See zu bekommen. Erfahrene Bergsteiger nutzen die Felswand an der Nordseite zum Aufstieg auf den Castle Mountain, dessen Gipfel noch 556 Meter höher ist. Ihnen empfohlen sei das Buch „Scrambles in the Canadian Rockies“ von Alan Kane oder ein anderer Führer für Kraxeleien. Für Wanderer ist am See der Punkt zur Umkehr erreicht, auf dem selben Weg geht es zurück.

Der Tower Lake unter den Zinnen von Castle Mountain

Am Ziel: Der Rockbound Lake

300 Meter vor dem Parkplatz trifft man auf einen Abzweig: Wer noch Reserven hat, kann den 600 Meter langen Weg zu den Silverton Falls einschlagen. Laut Canadian Rockies Trail Guide gehört er trotz seiner Höhe von 50 Metern zu den weniger besuchten Wasserfällen. Benannt wurde der Bach nach Silver City – einer Bergbaustadt, die ab 1883 nur für ein Jahr Bestand hatte. Heute befinden sich an ihrer Stelle die Moose Meadows am Bow Valley Parkway – eine Lichtung, die zwar kaum Elche, aber dafür gelegentlich Wapitis und Rehe anzieht. Inklusive diesem Abstecher summieren sich die zurückgelegten Kilometer schließlich auf 18.

Info

Lage: Rockbound Lake Trailhead, Bow Valley Parkway an der Castle Junction, Banff , AB, GPS: 51.268697, -115.916000

Anfahrt:

- Von Banff aus auf den Highway 1 Richtung Lake Louise fahren, nach 29,4 km Ausfahrt zur Castle Junction nehmen, rechts auf den Highway 93 abbiegen, über die Brücke fahren, an der Kreuzung mit dem Bow Valley Parkway rechts abbiegen – der Parkplatz liegt rund 200 m weiter auf der linken Seite.
- Alternativ: Bow Valley Parkway/Highway 1a ab Abzweigung vom Highway 1, 5 km nach Banff, 5 km von Banff nutzen (siehe Seite 20).

Unterkünfte:

- Castle Mountain Chalets, Bungalowdorf zu Füßen des Castle Mountain, Lodge-Räume mit Küche und Bad ab 188 CAD, Holzhütten ab 206 CAD, Kreuzung Bow Valley Parkway/Highway 93 (Castle Junction), Banff, AB T1L 1A1, Tel.: +1 403 762 3868, E-Mail: info@castlemountain.com, castlemountain.com
- Johnston Canyon Lodge & Bungalows, traditionelle Ferienhäuser und Hütten am Waldrand neben dem berühmten Canyon für bis zu 4 Personen, mit Queen- oder Doppelbett, TV, Bad und Kaffeemaschine ab 250 CAD, Bow Valley Parkway, Banff, AB T1L 1A9, Tel.: +1 403 762 2971, E-Mail: info@johnstoncanyon.com, www.johnstoncanyon.com/

Webseite: pc.gc.ca/en/pn-np/ab/banff/activ/randonee-hiking/1A

Hinweis: Wanderkarten und -führer, Bärenspray und Informationen über den aktuellen Zustand des Weges gibt es im Nationalparkzentrum in Banff, 224 Banff Avenue, Tel.: +1 403 762 1550, E-Mail: banff.vrc@pc.gc.ca

5. Hinter jedem Pass eine neue Landschaft: Im Hinterland von Lake Louise

Im Winter bietet das Lake Louise Ski Resort Bedingungen der Weltklasse. Regelmäßig finden hier am Whitehorn Mountain Ski-Weltcups in den Disziplinen Abfahrt und Super-G statt. Im Sommer stehen bis auf die Gondola alle Lifte still, und das Skigebiet wird zum Ausgangspunkt für Ein- oder Mehrtageswanderungen.

Die überwiegende Mehrheit der Touristen konzentriert sich bei Lake Louise auf den gleichnamigen See und den noch höher gelegenen Moraine Lake im Valley of the Ten Peaks. Dabei gibt es auch auf der anderen Seite des Bow Valley einzigartige Szenerie zu entdecken. Je nachdem, wie viel

Der Ptarmigan Lake am Boulder Pass

Zeit man zur Verfügung hat, kann man hier ein paar schöne Stunden oder mehrere Tage verbringen. Den berühmten Lake Louise und das Chateau Fairmont an seinem Ufer erblickt man – ganz klein – auch vom Skigebiet am Whitehorn Mountain aus. Was im Winter ein Paradies für Abfahrtsläufer ist, ist im Sommer eines für Bären. Da zahlreiche Grizzlys an den Hängen leben oder sie durchwandern, ist der Großteil des Skihangs für Menschen gesperrt. Mit der Gondola am Ende der Whitehorn Road geht es jedoch über den Hang hinauf zur Bergstation auf 2136 Metern. Dort haben eine Aussichtsterrasse, ein Café und ein einfaches Museum zur Fauna der Rockies auch im Sommer geöffnet. Drei Wanderungen, zwischen 1,7 und 3,4 Kilometer lang, führen zu weiteren Aussichtspunkten auf dem Berg. Die längste führt zum Ptarmigan Valley Viewpoint auf 2417 Metern, der einzige, von dem aus der Blick auch ins Hinterland geht.

Blick vom Deception Pass auf den Redoubt Mountain

Zugang ins Ptarmigan Valley gibt es nur zu Fuß – oder im Winter auf Skiern für Skitourengeher. Zahlreiche Seen, Bergwiesen, weit schweifende Aussichten von Pässen und die historische und nach wie vor bewirtschaftete Skoki Lodge gehören zu den Zielen, die Wanderer in dieses Gebiet locken. Für Tagestouren ist in der Regel der Deception Pass auf 2475 Metern der Umkehrpunkt nach elf Kilometern und 785 Höhenmetern. Backpacker, die mit Zelt unterwegs sind oder in den Zimmern oder Hütten der Skoki Lodge übernachten, können aus zahlreichen weiteren Wegen und Ausflugszielen wählen.

Vom Fish Creek-Parkplatz an einer Seitenstraße nahe des Skigebiets gilt es zuerst die vier Kilometer lange Zufahrtstraße zur Temple Lodge zu bewältigen. Gäste der Skoki Lodge werden hinaufgefahren, alle anderen müssen diese erste wenig spannende Stunde teilweise steil bergan wandern. Danach sind die hinteren Abfahrten des Skigebiets erreicht. Im

Sommer ist die Temple Lodge, die Talstation der Sessellifte auf dieser Seite des Whitehorn Mountain, nicht bewirtschaftet. Ab hier wird aus der breiten Schotterstraße ein Wanderweg, der kurz darauf in den subalpinen Nadelwald führt. Nach 3,3 Kilometern führt der Weg aus dem Wald auf die bunten Corral Creek Meadows. Von Wildblumen gesäumt geht es entlang eines Bachlaufs nun sanfter bergan. Ptarmigan Peak zur Linken und Redoubt Mountain zur Rechten rahmen das Tal ein.

Bei Kilometer 7,1 folgt die Abzweigung zum Hidden Lake-Zeltplatz und dem gleichnamigen See (ein Abstecher von 1,3 Kilometern). Kurz nach der Abzweigung steht rechter Hand auf einer Anhöhe eine Hütte – die Halfway Hut diente einst Skitourengehern zur Übernachtung auf dem Weg zur Skoki Lodge. Heute bietet sie Schutz vor Regen und ein benutzbares Toilettenhäuschen. Der Weg steigt nun stetig an, bis nach weiteren 1,5 Kilometern der Boulder Pass auf 2345 Metern erreicht ist. Zwischen den Felsblöcken findet sich ein windgeschütztes Plätzchen zum Rasten. Auf der anderen Seite des Passes liegt unmittelbar der dunkelblaue Ptarmigan Lake vor einem. Es ist einer dieser Orte, wo einem der Unterschied zu den europäischen Alpen bewusst wird: Keine Bergwirtschaft empfängt Wanderer in der traumhaften Landschaft, stattdessen himmlische Ruhe, nur unterbrochen durch das Pfeifen der Erdhörnchen.

Wer noch Reserven hat, folgt dem Weg am linken Ufer bis zu einer Kreuzung kurz vor dem Ende: Geradeaus geht es weiter zum Baker Lake und dem gleichnamigen Zeltplatz (weitere 2,5 km), mit einer Option am nächsten Tag die Skoki Lodge zu erreichen, indem man den Fossil Mountain gegen den Uhrzeigersinn umrundet (rund 6,5 km). Tageswanderer biegen indes links auf den kurzen, aber steilen Weg zum Deception Pass ab. Oben angekommen, genießt man nicht nur den Blick zurück auf das blumenbestandene Ptarmigan Valley mit den beiden Seen, sondern auch zur anderen Seite hinab auf die türkisblauen Skoki Lakes und die dahinter aufragende Wall of Jericho sowie die farbigen Schutthänge des Fossil Mountain über dem Pass. Ein Highlight des Rückwegs auf dem selben Weg zurück zum Parkplatz ist die Aussicht auf den Giganten Mount Temple (3543 m) und seine Gletscher auf der anderen Seite des Bow Valley.

Wer zur Skoki Lodge oder zum Merlin Meadows Campground (1 km von der Lodge entfernt) möchte, überquert den Pass und steigt über steinige Hänge und Wiesen ins Tal ab, wo der Weg wieder in den Wald eintaucht. Vom Pass bis zur Lodge sind es noch 3,4 Kilometer. Die Skoki Lodge steht seit 1992 auf Kanadas Liste der National Historic Sites, weil sie in einem für die Gegend typischen, rustikalen Design erbaut wurde und seit ihrer Eröffnung in den 1930er-Jahren auch Tourismusgeschichte geschrieben hat. An ihrer äußeren Erscheinung hat sich wenig geändert und sie dient nach wie vor als Herberge für bis zu 22 Sommer- oder Wintergäste. Strom oder fließendes Wasser gibt es nicht, den Gästen werden Kerzen, Kerosinlampen und warmes Wasser zum Waschen zur Verfügung gestellt. Noch rustikaler geht es auf den Zeltplätzen zu, die in der Regel nur Plumpsklos und ein Zugsystem zum bärensicheren Aufhängen der mitgebrachten Lebensmittel haben.

Hat man allerdings einmal sein Lager im Hinterland aufgeschlagen, kann man in Halbtages- oder Tagestouren weitere Ziele in der Umgebung ansteuern, zum Beispiel den 3,1 Kilometer entfernten Merlin Lake, der in einem Tal zwischen der Wall of Jericho und Merlin Castle, der Bergflanke des Mount Richardson, liegt. Eine längere Tour führt vorbei an den Red Deer Lakes und dem gleichnamigen Fluss zur Natural Bridge, wo ein Wasserfall aus einem Loch im Kalkstein stürzt. 19 Kilometer sind es hin und zurück, und zwei kalte Flüsse müssen blanken Fußes überquert werden.

Historische Hütte nach 7,2 Kilometern: die Halfway Hut

Info

Lage: Parkplatz an der Fish Creek Road, Lake Louise, AB T0L 1E0, GPS: 51.439647, -116.151611

Anfahrt: Zum Start der Wanderung vom Ort Lake Louise aus auf dem Lake Louise Drive geradeaus über den Highway 1 fahren, an der nächsten Kreuzung leicht links halten (Whitehorn Road), nach 1 km rechts auf die Fish Creek Road abbiegen (Schotterstraße). Nach 1 km ist der Parkplatz erreicht, ein Schild und eine Schranke verhindern das Weiterfahren. Zur Gondola der Whitehorn Road bis zum Ende folgen.

Öffnungszeiten: Die Gondola ist etwa von Mitte Mai bis Anfang Oktober in Betrieb.

Eintritt: Für die Gondola 36 CAD (Erwachsene) bzw. 17 CAD (Kinder).

Aktivitäten: wandern, im Winter Langlauf/Skitourengehen

Unterkünfte:

- Lake Louise Campground, für Tageswanderer, im Trailer-Abteil 189 Stellplätze für RV mit Wasser und Strom 32,30 CAD, im Zeltbereich 206 Plätze ohne Strom, mit Feuerstellen 27,40 CAD, Feuererlaubnis 8,80 CAD, Tel.: +1 877 737 3783, reservation.pc.gc.ca/Banff,
- Skoki Lodge, für Mehrtagestouren, Hütten oder Zimmer in historischer Ski-Unterkunft, 2 Nächte mit Vollverpflegung ab 480 CAD pro Person, Tel.: +1 403 522 1347, E-Mail: info@skoki.com, skoki.com
- Zeltplätze am Hidden Lake, Baker Lake oder an den Merlin Meadows, je 10 Plätze, nur Plumpsklos, 9,80 CAD pro Person, Tel.: +1 877 737 3783, reservation.pc.gc.ca/Banff,KootenayandYohoBackcountry?List

Webseiten:

- pc.gc.ca/en/pn-np/ab/banff/decouvrir-discover/histoire-history/skoki/info
- pc.gc.ca/en/pn-np/ab/banff/activ/arrierepays-backcountry

Hinweis: Bärenspray, Wanderkarten und aktuelle Informationen gibt es im Nationalpark-Visitor Centre, Samson Mall, 201 Village Rd, Lake Louise, AB T0L 1E0, Tel.: +1 403 762 8421, E-Mail: info@banfflakelouise.com

Yoho National Park und Kootenay National Park

6. Auf Du und Du mit Fossilien: An der Burgess Shale
7. Wanderung zum Fuß der Wapta Falls
8. Altstadt mit neuer Brücke: Unterwegs in Golden
9. Im Kootenay National Park: Wo die Farbe für zeremonielle Gesichtsbemalung herstammt

Gipfel im Yoho National Park: Der prägnante Mount King (2892 Meter)

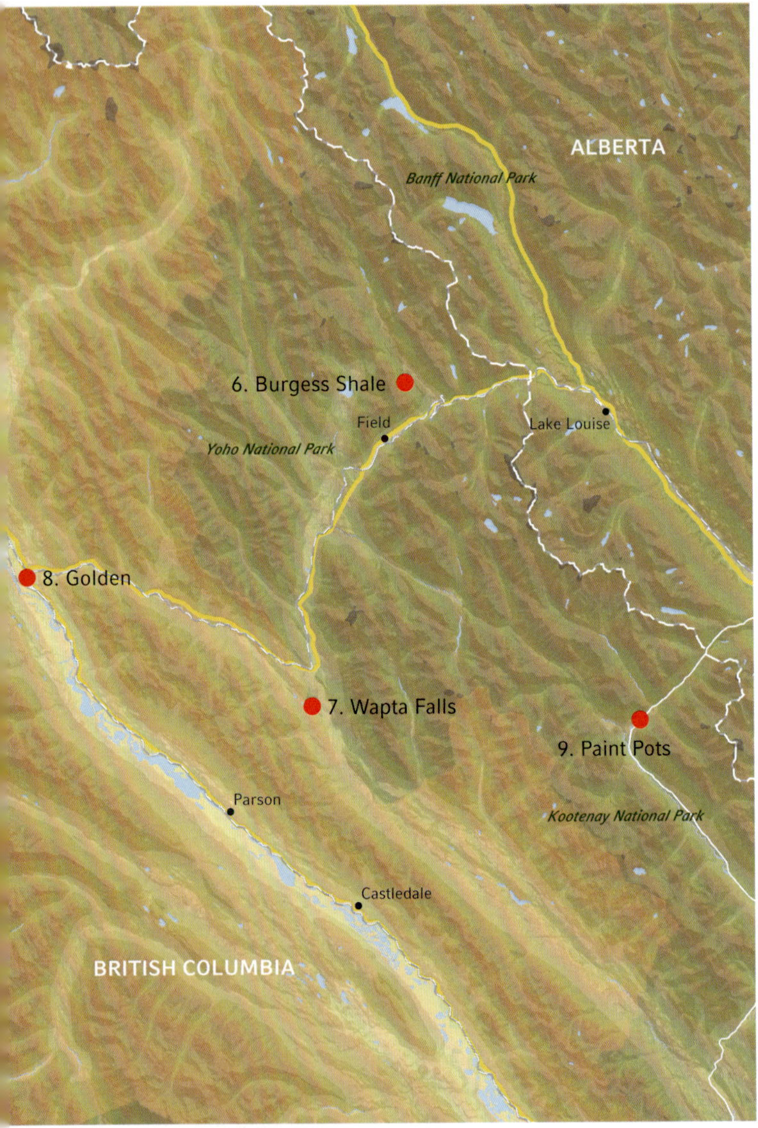
ALBERTA
Banff National Park
6. Burgess Shale
Field
Lake Louise
Yoho National Park
8. Golden
7. Wapta Falls
9. Paint Pots
Parson
Kootenay National Park
Castledale
BRITISH COLUMBIA

6. Auf Du und Du mit Fossilien: An der Burgess Shale

Die Entdeckung einer Gesteinsschicht, die Spuren des Lebens auf der Erde von vor 505 Millionen Jahre enthält, war neben der Schönheit der Berglandschaft der Grund, warum ein Großteil der kanadischen Rockies in die Weltnaturerbe-Liste der UNESCO aufgenommen wurde. Die Fundstätten kann man nur auf geführten Touren erleben.

In den 1880er-Jahren entdeckten Bahnarbeiter im Geröll an den Abhängen des Mount Stephen im heutigen Yoho National Park etwas, das sie „Steinkäfer" nannten. Es sollte noch 29 Jahre dauern, bis Geologe und Paleontologe Charles Walcott die Burgess Shale entdeckte: eine Gesteinsschicht reich an Fossilien zwischen Wapta Mountain und Mount Field. Das Besondere an diesem Fund ist, dass auch Ur-Lebenwesen mit weichen Körpern konserviert wurden und so ein umfassender Einblick in das Leben unter Wasser im Kambrium möglich ist. Was die Bahnarbeiter entdeckt hatten, waren Trilobiten, Gliederfüßer, die auf dem Meeresgrund gelebt haben. Aber auch Algen, Schwämme und zahlreiche andere Tierarten wurden in dem Schiefergestein gefunden. Parks Canada bietet unterhaltsame und äußerst lehrreiche Ranger-geführte Wanderungen zu den Fundorten an.

Die Fundstelle am Mount Stephen

Die kürzeste, aber dennoch anspruchsvolle Tour zum Mount Stephen beginnt am Besucherzentrum im Dörfchen Field. In rund 7,5 Stunden geht es auf schmalen, zum Teil sehr steilen Pfaden 795 Höhenmeter hinauf und wieder hinunter. Der Weg führt am Stephen Creek in den Wald, steigt konstant an, dann geht es in Serpentinen auf eine Gletschermoräne und schließlich nach der Baumgrenze über losen Schiefer bis zum Fundort. Wanderstöcke sind auf dieser Tour Pflicht und auch sehr hilfreich. Da die Gruppen auf maximal zwölf Personen beschränkt sind, nehmen die Ranger Rücksicht auf das Tempo. Bei mehreren Pausen informieren sie über Geschichte, Geologie und die Funde in der Burgess Shale. Sobald die Schuttzone erreicht ist, kommt man aus dem Staunen nicht heraus: Auf Schritt und Tritt liegen Trilobiten und andere versteinerte Wesen, manche nur wenige Millimeter im Durchmesser, andere größer als eine Handfläche. Am Ziel angelangt, darf jeder nach Lust und Laune im Geröll nach Exemplaren suchen.

Auch zur Original-Fundstelle, dem Walcott Quarry, gibt es geführte Wanderungen. Die elfstündige Tour über 21 Kilometer und 825 Höhenmeter wird nur Wanderern mit guter Kondition empfohlen. Kinder unter acht Jahren dürfen nicht teilnehmen. Start ist am Parkplatz an den Takakkaw Falls. Die Zugangsstraße ist für Wohnmobile und Trailer nicht geeignet, Trailer können jedoch zu Beginn der Yoho Valley Road gegenüber vom Monarch Campground geparkt werden. Die Wanderung führt am Yoho Lake vorbei, über den Yoho Pass und dann über der Baumgrenze auf dem Wapta Highline Trail entlang. Das Ziel liegt in 2336 Metern Höhe abseits des Trails, hoch über dem Emerald Lake.

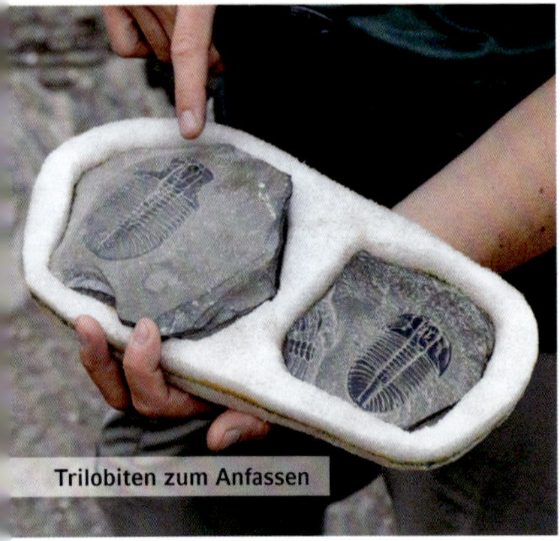
Trilobiten zum Anfassen

Im benachbarten Kootenay National Park liegt auch ein Geröllfeld vom Burgess-Shale-Typ am Fuß des Stanley Peak. Diese 10-Kilometer-Tour über 7,5 Stunden gilt als einfachste und familienfreundlichste unter den dreien, dennoch sind 450 Höhenmeter zu bewältigen. Kinder unter fünf Jahren dürfen nicht teilnehmen. Sie beginnt am Stanley Glacier-Parkplatz am Highway 93, 15 Kilometer von der Castle Junction im Bow Valley entfernt. Über Serpentinen geht es zunächst durch relativ offenes Gelände, auf dem 1968 ein Waldbrand gewütet hatte, dann an einem Bachlauf durch den Wald. Der letzte Kilometer führt durch schwierigeres Gelände, bietet dafür aber eine herrliche Aussicht auf den nahen Stanley Glacier.

Für alle Wanderungen sind wetterfeste Kleidung und Wanderschuhe Voraussetzung. Mittagessen, Snacks und mindestens zwei Liter Wasser pro Person sind mitzunehmen. Eine ausführliche Materialliste gibt es auf der Website von Parks Canada (siehe Info-Box). Das Sammeln von Fossilien ist untersagt, aber Anfassen, Fotografieren und Abpausen (ein schönes Souvenir für Kinder) sind ausdrücklich erlaubt!

Info

Lage: Yoho National Park Visitor Centre, Field Access Road, Field, BC V0A 1G0, GPS: 51.397925, -116.491953

Anfahrt: Von Lake Louise, AB, auf den Highway 1 in Richtung Golden fahren. Nach 25,2 km links nach Field abbiegen. Das Visitor Centre grenzt direkt an den Highway 1. Golden, BC, liegt 57 km weiter auf dem Highway 1 nach Westen.

Öffnungszeiten: Das Visitor Centre und die Zeltplätze sind von Anfang Oktober bis Ende April geschlossen. Die geführten Wanderungen werden nur zwischen Mitte Juni und Anfang September durchgeführt.

Eintritt: Tagespass für den Nationalpark 9,80 CAD für Erwachsene. Für die Wanderungen (inklusive Steuern) 55 CAD (ab 17 J.) bzw. 27,50 CAD (8 bis 16 J.) für Mount Stephen und Stanley Glacier, 70 bzw. 35 CAD für Walcott Quarry. Reservierungen ab Januar unter Tel.: +1 877 737 3783, reservation.pc.gc.ca (Reservation Type = Day Use)

Unterkünfte:

- Monarch Campground, 44 Plätze für Zelte und Wohnmobile an der Felswand unterhalb des Mount Field, kein Strom, Plumpsklos und Waschbecken vorhanden, 17,60 CAD, Yoho Valley Road, Field, BC V0A 1G0, Selbstregistrierung vor Ort, pc.gc.ca/en/pn-np/bc/yoho/activ/camping
- Kicking Horse Campground, 88 Plätze, kein Strom, Waschräume mit Duschen (Renovierung voraussichtlich im Sommer 2019 abgeschlossen), 27,40 CAD, beide Yoho Valley Road, Field, BC V0A 1G0, Selbstregistrierung vor Ort, Web: pc.gc.ca/en/pn-np/bc/yoho/activ/camping
- Große Auswahl privater Ferienhäuser oder -zimmer in Field für 2 bis 4 Personen, in der Hochsaison ab 140 CAD, www.field.ca/accommodations

Webseite: pc.gc.ca/en/pn-np/bc/yoho/activ/burgess

Hinweis:

- Virtuelles Online-Museum zur Burgess Shale unter burgess-shale.rom.on.ca/en/sea-odyssey
- Wanderstöcke verleiht u. a. Wilson Mountain Sports, Samson Mall, 201 Village Rd, Lake Louise, AB T0L 1E0, für 9 CAD, wmsll.com/summer-rentals.html

7. Wanderung zum Fuß der Wapta Falls

Die mächtigen Kaskaden des Kicking Horse River an der Natural Bridge sind manchmal nur zwischen zahlreichen Köpfen zu erspähen, so voll sind die Aussichtsplattformen. Dabei liegt der größte Wasserfall des Flusses noch 25 Kilometer flussabwärts.

Wapta Falls vom Flussufer aus gesehen

Der Kicking Horse River entspringt im Wapta Lake an der Grenze auf dem Pass, den man bei der Fahrt von Lake Louise nach Field überqueren muss, und mündet bei Golden in den Columbia River. Etwa auf halber Strecke macht der Fluss einen scharfen Knick nach Nordwesten. Kurz zuvor, auf einer Breite von sagenhaften 150 Metern, stürzt der Kicking Horse River an den Wapta Falls 30 Meter in die Tiefe. Ein Spektakel aus weißer Gischt, so stark, dass Wassertröpfchen je nach Windrichtung Bäume am Ufer und auch die Touristen an den Aussichtspunkten benetzen. Diesen Wasserfall kann man von oben, von der Seite und schließlich von unten betrachten – mehrere Aussichtspunkte am Rand und ein steiniger Strand zu seinen Füßen sind nicht schwer und in kurzer Zeit erreichbar. Deshalb handelt es sich um einen familienfreundlichen Ausflug, auch Besitzer von Vierbeinern schätzen den überwiegend ebenen Hinweg.

Der Wasserfall liegt am westlichen Rand des Yoho National Park. Während es an den Takakkaw Falls und besonders am Emerald Lake recht voll werden kann, sind die Besucherzahlen hier noch überschaubar. Der Weg beginnt an einem Wanderparkplatz knapp zwei Kilometer abseits des Highway 1. Die steinige Zufahrtsstraße ist in der Regel auch mit

Unter den Wapta Falls liegen Inseln im Fluss.

Kleinwagen und Wohnmobilen befahrbar, wenn man sich dafür Zeit lässt. Zu den Fällen und zurück sind es nur 4,8 Kilometer, bis zum ersten Aussichtspunkt sind die Höhenmeter nicht der Rede wert. Der erste Abschnitt verläuft schnurgerade auf einem festen Weg durch Birken- und Nadelwald. Gelegentliche feuchte Abschnitte sind mit Holzplanken versehen.

Nach rund einem Kilometer endet die ehemalige Straße, der Weg wird schmaler und führt leicht bergan, über Wurzeln und Waldboden geht es aber recht gemütlich voran. Nur selten lassen die dicht stehenden Bäume einen Blick nach links ins Kicking Horse Valley zu. In dem moosigen Wald kann man nun auch Erlen, Pappeln und die in British Columbia häufiger anzutreffenden Westlichen Rotzedern, die sogenannten Lebensbäume, entdecken.

Nach 1,9 Kilometern ist der obere Aussichtspunkt, der mit einem Gitterzaun gesichert ist, erreicht. Nun geht es auf festem, erdigem Grund steil bergab. Der Weg schlängelt sich an einem weiteren Aussichtspunkt vorbei am Rand des Abhangs über Wurzeln und ein paar Treppen hinab bis zum Strand am nun wieder ruhig dahinfließenden Kicking Horse River. Von hier kann man bei niedrigem Wasserstand die kleine bewaldete Insel in seiner Mitte erkunden (Vorsicht vor rutschigen Steinen!) oder ein Stück flussaufwärts gehen, um einen besseren Blick auf den Wasserfall zu bekommen. Der ist aus dieser Perspektive nämlich zum Teil von einem Felshügel verdeckt, der sich hartnäckig der Erosion entgegenstellt. Hinter den Wapta Falls ragt der Chancellor Peak 3280 Meter hoch in den Himmel.

Der Kicking Horse River ist hier 150 Meter breit.

Zurück zu den oberen Aussichtspunkten geht es auf dem selben Weg – nun steil hinauf – oder mittels eines etwas seichteren Umwegs durch den Wald. Dessen Beginn markiert ein paar Meter flussabwärts am Waldrand ein braunes Wanderschild. Er führt allmählich bergan und nach einer Spitzkehre zurück zum ersten Aussichtspunkt, von wo es wieder ebenerdig zurück zum Parkplatz geht. Fünf bzw. zehn Kilometer weiter flussaufwärts auf dem Highway 1 kann man danach zwei sehr schöne Picknickplätze am Fluss ansteuern: Faeder Lake und Finn Creek.

Info

Lage: Wapta Falls Trailhead, nahe Highway 1, Field, BC V0A 1G0, GPS: 51.204078, -116.585397

Anfahrt:

- Von Field aus links abbiegen auf den Highway 1 Richtung Golden, nach 24,4 km befindet sich auf der linken Straßenseite eine Schotterstraße, die nach 1,7 km an einem Parkplatz endet. Achtung: Aus Richtung Field kommend weist kein Schild auf die Einfahrt hin! Sie liegt etwa 1,2 km nach der Brücke über den Kicking Horse River. Aufgrund des vierspurigen Highways gestaltet sich Linksabbiegen hier etwas schwierig.
- Alternativ: Von Golden aus sind es 30,4 km auf dem Highway 1, kurz vor der Zugangsstraße weist ein Schild auf die Wapta Falls hin.

Öffnungszeiten: Mitte Juni bis Mitte Oktober erreichbar

Eintritt: Tagespass für den Nationalpark 9,80 CAD für Erwachsene

Aktivitäten: wandern, picknicken

Unterkünfte:

- Hoodoo Creek Campground, 30 Plätze für Zelte und kleine Wohnmobile, nur Toilettenhäuschen, Kochunterstände und Feuerstellen vorhanden, 15,70 CAD (8,80 CAD für eine Feuererlaubnis), Trans-Canada Hwy 1, Field, BC V0A 1G0, 22 km südlich vom Field, Selbstregistrierung vor Ort, pc.gc.ca/en/pn-np/bc/yoho/activ/camping
- weitere Campingplätze und Unterkünfte in Field (siehe Seite 39) und Golden (siehe Seite 47)

Webseite: pc.gc.ca/en/pn-np/bc/yoho/activ/places#wapta

Hinweis: Am Parkplatz gibt es Toilettenhäuschen. Proviant, Wasser und Bärenspray sind mitzubringen.

8. Altstadt mit neuer Brücke: Unterwegs in Golden

Die Stadt in der Nähe der Nationalparks Yoho und Kootenay bietet sich als Basis für die Erkundung der Umgebung an. Die jüngste Sehenswürdigkeit haben die Einwohner selbst geschaffen.

Lange und zum Teil steil bergab geht der Highway 1, nachdem er den Kicking Horse Pass zwischen Lake Louise und Field passiert hat, bis hinein in den breiten Rocky-Mountain-Graben, der die westliche Grenze dieses Gebirges darstellt. Dort liegt das Städtchen Golden nur 800 Meter über dem Meeresspiegel, eingebettet zwischen den Rocky Mountains im Osten und den Columbia Mountains im Westen. Gleich zwei wasserreiche Flüsse treffen hier aufeinander: Der Kicking Horse River, der im Wapta Lake am Pass entspringt und parallel zum Highway 1 verläuft, mündet in

In Golden fließt der Kicking Horse River mitten durch die Stadt.

Golden in den Columbia River, der aus dem Süden kommt. Auf den ersten Blick wirkt die 3700-Einwohner-Stadt selbst wenig einladend, doch wenn man den Highway 1 mit seinen Motels und Fast-Food-Restaurants hinter sich lässt, wartet eine kleine, aber ansehnliche Altstadt auf Besucher, die im Sommer vor allem wegen der Nähe zu den Nationalparks Yoho, Banff, Kootenay und Glacier hier Halt machen.

Highlight im überschaubaren Stadtzentrum ist allerdings ein recht neues Bauwerk: Die Fußgängerbrücke über den Kicking Horse River wurde erst 2001 erbaut. Mit 46 Metern Spannweite ist die Kicking Horse Pedestrian Bridge die längste freistehende Holzfachwerkbrücke in Kanada. Fünf Jahre Vorbereitungszeit sind in den Bau geflossen. Unterstützt von der Stadt, ansässigen Firmen und Einwohnern wurden im August 2001 schließlich beinahe 100 Fachwerkexperten aus aller Welt nach Golden eingeladen, um gemeinsam die Konstruktion zu beginnen. Ende Oktober konnte die

Brücke vom Bauplatz an ihren heutigen Standort versetzt werden, wo sie auch als Symbol für Zusammenarbeit und die traditionelle Holzindustrie der Gegend stehen soll. Douglasien aus der Umgebung wurden für die Balken, den Dachstuhl und die Bögen verwendet, Weißeichen aus Illinois für Spangen, Keile und Dübel sowie Engelmann-Fichten für den Bodenbelag. Rund 25.600 Meter Holz wurden in dem Mammutprojekt verbaut. Die Brücke wiegt rund 95 Tonnen – ungefähr soviel wie 19 Elefanten.

Die Fußgängerbrücke ist etwas für Fachwerkfans.

Wer etwa auf dem Municipal Campground übernachtet, kann zu Fuß oder mit dem Fahrrad in wenigen Minuten in die Innenstadt und zur Brücke gelangen. Direkt am Kicking Horse River entlang führt ein befestigter Weg über 1,5 Kilometer ins Zentrum. Auf der anderen Uferseite auf dem Spirit Square finden im Sommer regelmäßig kostenlose Konzerte statt. Zudem laden hier am Ufer, aber vor allem in der 9th Avenue, zwei Straßen weiter, kleine Geschäfte, Cafés und Restaurants zum Bummeln ein.

Auf der Suche nach einem leichten Weg zum Pazifik war es der Forschungsreisende David Thompson, der 1807 das Tal um Golden als erster Europäer erkundete. 75 Jahre später wurde ein einfaches Camp an dieser Stelle errichtet, das vor allem den Kundschaftern der Canadian Pacific Railway als Versorgungsstation diente. Durch die Bahnlinie, die 1885 fertiggestellte wurde, und die kurz darauf beginnende Dampfschifffahrt wurde die inzwischen Golden genannte Siedlung zu einem wichtigen Haltepunkt. Tourismus und Holzindustrie folgten. Wer tiefer in die Geschichte der Region eintauchen will, dem sei das Golden Museum empfohlen.

Die Daueraustellungen befassen sich mit David Thompson, den Schweizer Bergführern, die die Canadian Pacific Railway ab 1899 beschäftigte, den indischen Immigranten, die ab 1902 nach Golden zogen, und mit der Schifffahrt auf dem Columbia River.

Info

Lage: Golden Visitor Centre, 1000 Trans Canada Highway 1, Golden, BC V0A 1H0, GPS: 51.308218, -116.966485

Anfahrt:
- Aus dem Westen kommend, dem Highway 1 folgen (147 km von Revelstoke).
- Von Field aus 55 km auf dem Highway 1 nach Westen fahren, das Visitor Centre liegt kurz nach der Kreuzung mit der Straße 95 am rechten Straßenrand.
- Zur Holzbrücke und zur Altstadt auf die 95 nach Süden abbiegen, nach 1,5 km rechts abbiegen auf die 7th Street North, nach 450 m links abbiegen auf die 8th Avenue North und am Ende am Fluss parken.

Öffnungszeiten: Das Visitor Centre ist von Mitte Mai bis Ende September täglich geöffnet, mindestens von 10 bis 17 Uhr.

Aktivitäten: wandern, Fahrrad fahren, Wassersport (Rafting), im Winter: Abfahrt und Langlauf. Besuch des Golden Museum
- Golden Museum and Archives, montags bis freitags von 10 bis 17 Uhr geöffnet, 1302 11th Avenue South, Golden, BC V0A 1H0, Tel.: +1 250 344 5169, goldenbcmuseum.com

Unterkünfte:
- Golden Municipal Campground and RV Park, 72 Stellplätze für Wohnmobile und Zelte am Kicking Horse River und im Wald, öffentliches Freibad nebenan, *powered sites* ab 38 CAD, ohne Wasser und Strom 35 CAD, 1411 9th Street South, Golden, BC V0A 1H0, Tel.: +1 250 344 5412, E-Mail: info@goldenmunicipalcampground.com, goldenmunicipalcampground.com
- Pine Cones Bed&Breakfast, private Ferienwohnung für bis zu 5 Personen, Küche, Bad und Wohnzimmer, Mindestaufenthalt 2 Nächte, ab 129 CAD (2 Personen), 1326 10th Street South, Golden, BC V0A 1H0, Tel.: +1 250 344 8688, E-Mail: info@pineconesuite.com, pineconesuite.homestead.com
- weitere Unterkünfte unter tourismgolden.com/accommodations

Webseite: tourismgolden.com

9. Im Kootenay National Park: Wo die Farbe für zeremonielle Gesichtsbemalung herstammt

Auf dieser kurzen, informativen Wanderung sind es mal nicht die Blumen, die die Landschaft bunt färben. An den Paint Pots liegen natürliche Ocker-Vorkommen, die von Ureinwohnern wie Europäern abgebaut wurden. Heute stehen sie auch als historische Zeitzeugen unter Schutz.

Der Kootenay National Park grenzt westlich an den Banff National Park und Kananaskis an, ist nur einen Tagesausflug entfernt – und sieht trotzdem nur rund ein Achtel der jährlichen 4,2 Millionen Touristen von Banff. Dabei gibt es auch hier Wanderungen zu idyllischen Seen und Gletschern, Fossilien (siehe Seite 37) und eine enge Felsschlucht, durch die das Wasser rauscht, den Marble Canyon. Wer keine Tageswanderung plant, kann in einem Tag den Highway 93 hin und zurück durch die gesamte Länge des Parks fahren, an Aussichtspunkten halten oder in den Radium Hot Springs nahe des gleichnamigen Ortes ein Bad nehmen. Dabei sollte man einen Ausflug zu den Paint Pots (dt. Farbtöpfe) nicht auslassen, da es etwas Ähnliches in den Rockies kein zweites Mal zu sehen gibt.

Der Marble Canyon

Gelb-orangene Ockerschichten liegen hier direkt an der Oberfläche, was in der grünen Wiese für starke Kontraste sorgt. Schmale Bäche fließen durch das Gelände und verteilen und vermischen die Farben zusätzlich. Zudem blubbern drei mineralische Quellen zwischen dem Ocker hervor. An ihren Rändern hat sich Eisenoxid abgelagert und so drei kleine Teiche geschaffen, zwei davon moosgrün inmitten des orangefarbenen Bodens – das sind die sogenannten Paint Pots. Über der Lichtung ragt der pyramidenförmige Vermilion Peak (2647 m) auf.

Ocker färbt den Boden gelb-orange.

Die Stämme der Ktunaxa, Stoney und Blackfoot kannten diesen Ort am Kootenay River schon lange. Sie bauten den Ocker ab, um damit Handel zu treiben, ihn für Felszeichnungen und Zeremonien zu verwenden, aber auch, um damit Haut, Kleidung und Tipis zu bemalen. Dazu kneteten sie den eher gelblichen Ocker in flache Blöcke, buken ihn und gewannen so rotes Ockerpulver, dass sie wiederum mit Fetten vermischten, bevor sie es einsetzten. Noch immer sind die Paint Pots ein heiliger Ort für Angehörige der First Nations und sollten deshalb mit Respekt behandelt werden. Das heißt für Ausflügler, dass sie auf den Wegen bleiben müssen und keinen Ocker mitnehmen dürfen.

1858 kamen die erste Europäer auf einer Expedition hier vorbei, und vermutlich ab den 1860er-Jahren begannen sie mit Abschürfungen. Rund 60 Jahre lang wurde der Ocker abgebaut und mit Pferdekutschen abtransportiert, um in Calgary als Pigment in der Farbherstellung Verwendung zu finden. Mit der Etablierung des Nationalparks 1920 wurde der Abbau nach und nach zurückgedrängt, da Bergbau nicht in das neue Verständnis eines Schutzgebietes gehörte. Verrostete Überreste der Maschinen sind immer noch auf dem Gelände zu sehen.

Der kurze, einfache Weg (hin und zurück 2 km) führt vom Parkplatz aus zunächst durch den Wald und über eine neue, sehenswerte Brücke über den Kootenay River zu einer großen Lichtung, auf der der Ocker großflächig zu sehen ist. Am anderen Ende der Wiese geht es kurz bergauf zu den kalten Quellen – den Paint Pots. Schilder unterwegs informieren ausführlich über Geschichte, Abbau und Verwendung des Ockers. Etwa 45 Minuten sollte man für den Ausflug mindestens einplanen.

Dies ist zugleich der erste Kilometer auf einer beeindruckenden Rundwanderung, dem rund 55 Kilometer langen Rockwall Trail, der Backpacker ins

Der Kootenay River

Hinterland des Nationalparks führt. Fünf einfache Zeltplätze stehen entlang des Weges bereit, sie müssen so früh wie möglich reserviert werden. Eine Zweitagestour von hier führt beispielsweise zu den 352 Meter hohen Helmet Falls.

Info

Lage: Paint Pots-Parkplatz, Highway 93, East Kootenay, BC, GPS: 51.170089, -116.147517

Anfahrt:

- Von Banff aus auf den Highway 1 Richtung Lake Louise auffahren, nach 29,4 km (Castle Junction) auf den Highway 93 Richtung Radium Hot Springs abbiegen. Der Parkplatz befindet sich knapp 20 km weiter auf der rechten Seite.
- Von Radium Hot Springs aus dem Highway 93 für 84 km folgen.

Öffnungszeiten: Das Visitor Centre des Nationalparks, die Campingplätze und einige Picknickplätze sind nur von Mitte Mai bis Anfang Oktober geöffnet. Das Visitor Centre von Radium Hot Springs (im selben Gebäude, 7556 Main Street East) bleibt das ganze Jahr geöffnet, radiumhotsprings.com

Eintritt: Tagespass für den Nationalpark 9,80 CAD für Erwachsene

Aktivitäten: wandern

Unterkünfte:

- Marble Canyon Campground, zwischen Kiefern und Fichten gelegener einfacher Zeltplatz mit Bergblick, 61 Stellplätze für Wohnmobile und Zelte, kein Strom, Waschräume mit Toiletten und Waschbecken vorhanden, 21,50 CAD, Selbstregistrierung vor Ort, 3 km östlich von den Paint Pots an der rechten Seite des Highway 93 gelegen, pc.gc.ca/en/pn-np/bc/kootenay/activ/camping
- Rocky Mountain Springs Lodge, privat geführtes Hotel und Restaurant am Rand des Nationalparks, Zimmer mit Queen-Bett, Ausklappcouch, TV & Wifi, Bad, Kühlschrank und Mikrowelle ab 139 CAD in der Hauptsaison, 5067 Madsen Road, Radium Hot Springs, BC V0A 1M0, Tel.: +1 877 457 1117, milliondollarview.ca

Webseite: pc.gc.ca/en/pn-np/bc/kootenay

Hinweis: Im Sommer 2018 haben zwei Waldbrände im Kootenay National Park gewütet. Insgesamt rund 49 Quadratkilometer Fläche sind verbrannt. Die meisten Wege konnten jedoch im Herbst 2018 wieder freigegeben werden.

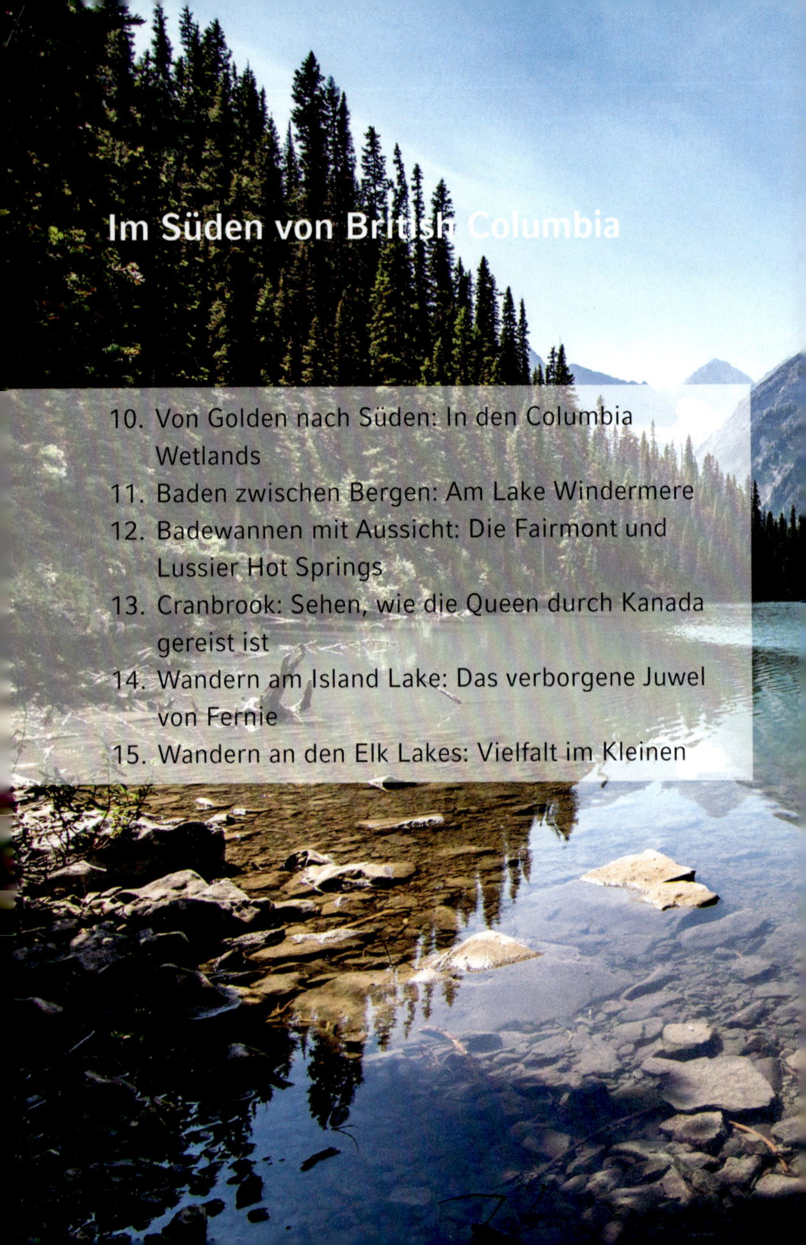

Im Süden von British Columbia

10. Von Golden nach Süden: In den Columbia Wetlands
11. Baden zwischen Bergen: Am Lake Windermere
12. Badewannen mit Aussicht: Die Fairmont und Lussier Hot Springs
13. Cranbrook: Sehen, wie die Queen durch Kanada gereist ist
14. Wandern am Island Lake: Das verborgene Juwel von Fernie
15. Wandern an den Elk Lakes: Vielfalt im Kleinen

Kein Mensch in Sicht: Am Ufer des Upper Elk Lake

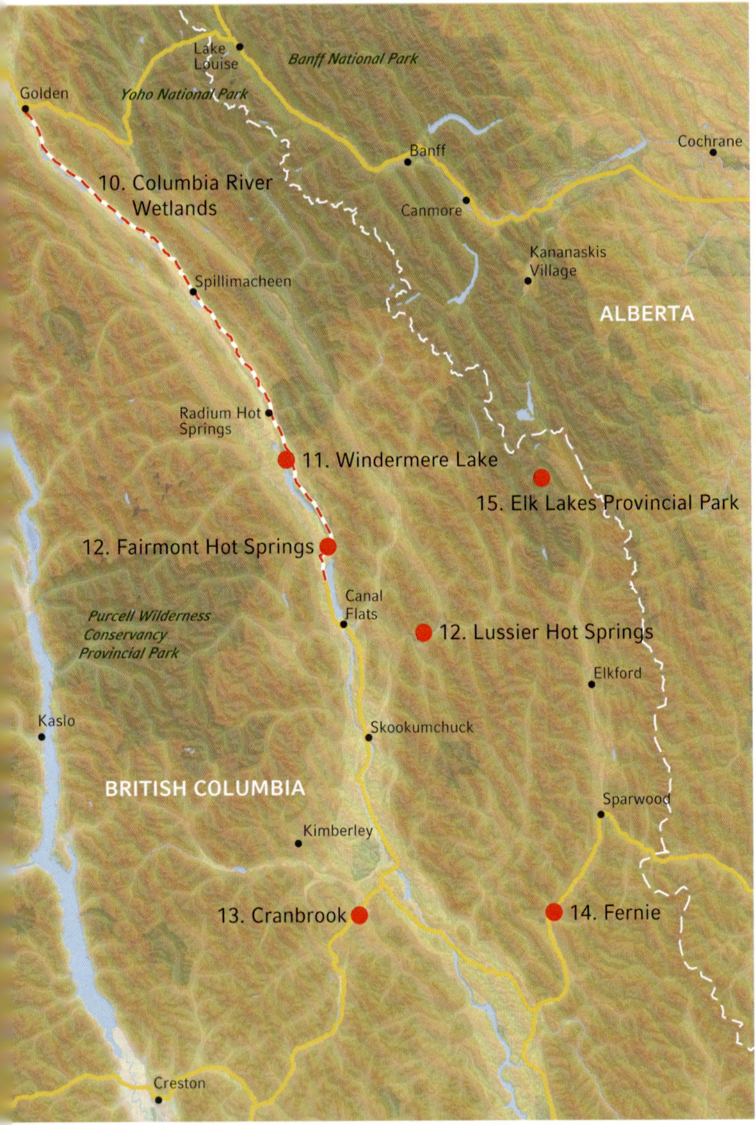
Lake Louise
Banff National Park
Golden
Yoho National Park
Banff
Cochrane
10. Columbia River Wetlands
Canmore
Kananaskis Village
ALBERTA
Spillimacheen
Radium Hot Springs
11. Windermere Lake
15. Elk Lakes Provincial Park
12. Fairmont Hot Springs
Canal Flats
Purcell Wilderness Conservancy Provincial Park
12. Lussier Hot Springs
Elkford
Kaslo
Skookumchuck
BRITISH COLUMBIA
Sparwood
Kimberley
13. Cranbrook
14. Fernie
Creston

10. Von Golden nach Süden: In den Columbia Wetlands

Im Tal zwischen den Rocky Mountains und den Purcell Mountains, auf rund 165 Kilometern zwischen Golden und dem Columbia Lake, prägt der Columbia River die Landschaft. Die Region ist ein Paradies für Vögel und Vogelbeobachter.

Das Columbia Valley gilt als Nordamerikas längstes zusammenhängendes Feuchtgebiet: Es erstreckt sich vom Columbia Lake, wo der gleichnamige Fluss entspringt, bis hinauf nach Donald, 30 Kilometer nördlich von Golden. Danach wird der Columbia River im Kinbasket Lake angestaut, macht eine Spitzkehre, fließt nach Südwesten und mündet im US-Bundesstaat Washington in den Pazifik. Aufgrund seiner Länge von 2000 Kilometern und seiner hohen Wassermenge gilt er als größter Fluss im pazifischen Nordwesten Nordamerikas.

Reh im Wetland

Auf dem Abschnitt von Golden bis zu seiner Quelle schlängelt er sich durch den breiten Rocky-Mountain-Graben, bewässert Teiche und Tümpel und sorgt für eine fruchtbar-grüne Landschaft. In Verbindung mit der vergleichsweise niedrigen Lage auf rund 800 Metern über Null und der frühen Schneeschmelze macht dies das Tal zur idealen Wanderroute für Zugvögel. Rund 15.000 Tiere ziehen jeden Frühling und Herbst hindurch. 265 verschiedene Arten wurden in den *wetlands* dokumentiert. Aber auch Fische, Reptilien, Amphibien und Säugetiere fühlen sich hier wohl.

Wer sich das Spektakel nicht entgehen lassen will, kann sich einer organisierten Tour anschließen, zum Beispiel den zahlreichen Ausflügen im Frühling: Seit über zwanzig Jahren treffen sich jährlich im Mai Vogelkundler, Naturfreunde und Fotografen zum Wings over the Rockies-Festival. Zwischen Spillimacheen (rund 64 km südlich von Golden) und Canal Flats (164 km) laden dann Experten und Einheimische eine Woche lang zu Vorträgen, Wanderungen und Paddeltouren ein.

Schnepfe am Wasser

Aber auch alle anderen, die auf dem Highway 95 nach Süden reisen, bekommen die Feuchtgebiete zu sehen. Die erste Gelegenheit befindet sich direkt am südlichen Stadtrand von Golden (siehe Seite 44) am Reflection Lake. Von einer Aussichtsplattform aus blickt man über den Teich, in dem sich bei Windstille die Berge spiegeln, und kann bequem Ausschau nach Wasservögeln halten.

Zurück auf dem Highway 95 fallen regelmäßig Plattformen auf hohen Stelzen am Straßenrand auf. Sie dienen nicht etwa Störchen, sondern Raubvögeln wie dem Fischadler oder dem Weißkopfseeadler zum Nisten. Die idyllische Strecke ist, anders als in den Nationalparks, geprägt von der Landwirtschaft. Entsprechend klein sind die Ortschaften. Farmen liegen links der Straße zu Füßen der Rocky Mountains. In Edgewater (93 km südlich von Golden), der ältesten Siedlung im Tal, sieht man nicht selten Rehe und Truthähne direkt an der Straße.

Nur zehn Kilometer weiter erreicht man Radium Hot Springs, eine vom Tourismus geprägte Kleinstadt am westlichen Eingang des Kootenay National Park. Auf dem Weiterweg nach Süden folgen mehrere Aussichtspunkte rechts neben der Straße, die Ausblicke auf das Flusstal bieten, der erste gleich 750 Meter nach der Touristeninformation. Von dort führt der Old Coach Trail hinab ins Tal, allerdings nicht direkt an den Fluss. Am Highway, 750 Meter weiter, folgen drei weitere Aussichtspunkte, bevor sich die Straße für eine Weile vom Fluss entfernt. Elf Kilometer sind es von hier noch bis zum Windermere Lake (siehe Seite 58).

Am südlichen Ende des Sees führt der Highway wieder näher an den Fluss und quert ihn kurz darauf in Fairmont Hot Springs (siehe Seite 62). Rund zehn Kilometer nach der Stadt bietet ein Hügel an einem mit Picknickbänken ausgestatteten Rastplatz eine wunderschöne Sicht über den Columbia Lake.

Die Flussschleifen bei Radium Hot Springs

Info

Lage: Highway 95, zwischen Golden und Canal Flats, BC, GPS: Reflection Lake 51.285472, -116.946639; Aussichtspunkt mit Schildern bei Radium Hot Springs 50.607250, -116.062444; Aussichtspunkt am Columbia Lake 50.265389, -115.884889

Anfahrt: Zum Reflection Lake in Golden auf den Highway 95 nach Radium Hot Springs fahren, nach 1,2 km links in die Reflection Lake Road abbiegen, 300 m weiter geht ein Abzweig rechts auf einen Parkplatz. Die anderen Aussichtspunkte befinden sich direkt am Highway 95.

Aktivitäten: wandern, fotografieren, Boot fahren

Unterkünfte: Edgewater Hilltop, kleiner, aber sehr ordentlicher RV-Park auf dem Gelände des Golfplatzes, *serviced sites* 40 CAD, 5585 Highway 95, Edgewater, BC V0A 1E0, Tel.: +1 250 347 6502, E-Mail: GolfTheHilltop@gmail.com, edgewaterhilltopgolf.com

Webseite: birdatlas.bc.ca bietet einen Überblick zu heimischen Vogelarten in British Columbia und ihren Nistgebieten.

Hinweis: Das Festival Wings over the Rockies findet immer im Mai statt. Programm und Anmeldung unter wingsovertherockies.org

11. Baden zwischen Bergen: Am Lake Windermere

Der See im Rocky-Mountain-Graben ist als Sommerferienziel auch bei Kanadiern beliebt. Er erstreckt sich vom Ort Invermere aus 15 Kilometer nach Süden. Zwei beliebte Strände liegen am nördlichen Ende.

Der Lake Windermere liegt nicht in einem Nationalpark und das merkt man: An den Stränden in Invermere on the Lake herrscht Freibadatmosphäre. Menschen treiben auf dem Wasser auf allem, was sich aufblasen lässt, weiter draußen kurven Motorboote herum. An den Ufern stehen Villen, viele mit eigenem Bootssteg. Der See, der vom Columbia River (siehe Seite 55) gespeist wird, gilt als für die Region vergleichsweise warmer Badesee. Das und die Lage zwischen den Purcell Mountains im Westen und den Rocky Mountains im Osten machen ihn offenbar für viele Kanadier attraktiv, die hier ihre Sommerhäuser haben: Die Kleinstadt Invermere hat eigentlich nur 3400 Einwohner, aber im Sommer werden es bis zu 30.000.

Lake Windermere

Ein guter Ausgangspunkt, um das laue, klare Wasser zu genießen, ist der kleine James Chabot Provincial Park am Rand der Stadt. Nicht weit entfernt vom Highway 95, ist er auch ein idealer Zwischenstopp auf der Reise von oder nach Radium Hot Springs oder zum Kootenay National Park. Hier, am nördlichen Ufer des Sees, befanden sich früher Zeltlager der Ureinwohner, die vor allem zur Zeit der Lachswanderung bewohnt waren. Denn ganz in der Nähe, zwischen dem Park und dem Highway, wird aus dem See wieder der Columbia River, wo sich einst gute Lachsfanggründe befunden haben sollen. Die Ureinwohner nannten den Ort „Kwataqnuk", was soviel bedeutet wie „wo das Wasser den See verlässt". Heute wandern keine Lachse mehr hierher, da der Columbia River flussabwärts angestaut wird. An der Brücke über den Fluss, die man auf dem

Weg zum Park quert, findet man heute einen privaten Jachthafen. Dort und bei einem Paddleshop nebenan lassen sich allerlei Boote und Paddleboards ausleihen.

Der Park selbst erinnert an ein – kostenloses – Freibad: Eine weitläufige, baumbestandene Wiese bietet sonnige und schattige Liegeplätze. Auch jede Menge Picknicktische stehen bereit. Von einem Steg oder dem schmalen, kiesigen Sandstrand aus geht es seicht ins Wasser. Der Untergrund ist sandig bis steinig. Der Schwimmbereich ist mit Ketten abgegrenzt. Einen großen Spielplatz und ein Haus mit Sanitäranlagen und Umkleidekabinen gibt es auch. Zwei Parkplätze, eine Picknickbank und die Toiletten sind rollstuhlgerecht, eine Rampe erleichtert den Zugang zum See. In entgegengesetzter Richtung zum Highway grenzt die Liegewiese an ein kleines, schilfbestandenes Feuchtgebiet, in dem 26 verschiedene Arten von Libellen heimisch sind.

Laut BC Parks gibt es nur wenige öffentliche Badestellen am Lake Windermere, die mit Fahrzeugen erreicht werden können. Eine Alternative zum James Chabot Provincial Park ist der Kinsmen Beach in der Nähe der Innenstadt, der ebenfalls mit Liegewiese, Strand und sanitären Anlagen ausgestattet ist. In dem sich anschließenden Park mit Spiel- und

Spielplatz am Strand im James Chabot Provincial Park

Sportplätzen, einem Teich und einem Café finden regelmäßig Veranstaltungen statt, darunter das jährliche Musikfestival im August oder ein jährliches Curling-Wochenende im Januar.

Wer im Winter hier ist, kann den See auf ganz andere Art entdecken: Sobald die Eisschicht dick genug ist, legt der Skiverein eine Bahn für Eisläufer und für Skilangläufer an. Die vier unterschiedlich langen Runden können zu einer insgesamt 30 Kilometer langen Strecke verbunden werden – damit ist der „Lake Windermere Whiteway" 2014 als längste

Der Westrand der Rockies bei Invermere

Eislaufbahn der Welt ins Guinness Buch der Weltrekorde aufgenommen worden! Ein Zugangspunkt befindet sich am Kinsmen Beach, ein weiterer am Windermere Beach. Hockey, Curling und Eisfischen gehören im Winter ebenfalls zu den Freizeitmöglichkeiten auf dem See. Die Läden Inside Edge Sports und Columbia Cycle & Ski in Invermere verleihen das nötige Equipment.

Info

Lage: 205 3rd Avenue, Invermere, BC V0A 1K7; am Highway 95, rund 13 km südlich von Radium Hot Springs oder 26 km nördlich von Fairmont Hot Springs auf der BC-Seite der Rockies, GPS: James Chabot Provincial Park 50.512383, -116.022511

Anfahrt: Zum James Chabot Provincial Park von Radium Hot Springs kommend auf dem Highway 95 nach Süden fahren, nach 13 km (an der Kreuzung mit Tim Hortons, Steakhouse und Eisladen) rechts in die Athalmer Road abbiegen. Rund 2,2 km weiter links in die 3rd Avenue abbiegen. An deren Ende befindet sich ein großer, kostenloser Parkplatz.

Eintritt: Tagespass für Eislauf oder Skilanglauf 5 CAD

Aktivitäten: Boot fahren (im Ort gibt es mehrere private Verleiher), schwimmen, Wasserski, windsurfen, Picknick, spielen (Volleyball, Spielplatz)

Unterkünfte:

- Lake Shore Resort and Campground, großer Zeltplatz und RV-Park am Ufer des Windermere Lake, betrieben von Angehörigen der Ktunaxa-Ureinwohnern, Tipis ab 45 CAD, Stellplatz mit Strom 40 CAD, 3151 Hwy 93, Windermere, BC V0B 2L2, Tel.: +1 250 342 6352, E-Mail: lakeshore@akisqnuk.org, lakeshoreresortcampground.com
- Windermere Creek Bed & Breakfast Cabins, 5 voll ausgestattete Blockhütten zum Teil mit Whirlpool oberhalb von See und Highway in Richtung Rockies gelegen, in der Hochsaison 139 bis 159 CAD pro Nacht für 2 Personen (Frühstück inbegriffen), 1658 Windermere Loop Road, Windermere, BC V0B 2L2, Tel.: +1 250 342 0356, E-Mail: windcreek@shaw.ca, windermerecreek.com

Webseiten:

- www.env.gov.bc.ca/bcparks/explore/parkpgs/james_chabot
- tobycreeknordic.com/whiteway/

Hinweis: Es gibt keine Rettungsschwimmer an den Stränden.

12. Badewannen mit Aussicht: Die Fairmont und Lussier Hot Springs

Die Entdeckung der heißen Quellen durch drei Bahnarbeiter in Banff hat am Ende des 19. Jahrhunderts zur touristischen Erschließung der Gegend geführt, viele Badehäuser sind entstanden. Auf der BC-Seite der Rockies gibt es (mindestens) zwei ungewöhnlichere Alternativen.

Fußbad mit Aussicht

In einem Pool sitzen, der mit heißem Quellwasser gefüllt ist, frische Bergluft atmen und den Ausblick genießen: Die öffentlichen heißen Pools in den Rocky Mountains sind zu Recht Besucherlieblinge. Neben vielen Hotels, die das Wasser für ihre Wellnesscenter nutzen, haben auch die Nationalparks kostengünstige Einrichtungen geschaffen, sodass auch Camper in den Genuss der natürlichen Quellen kommen können. Die durch drei Bahnarbeiter 1883 entdeckten, mit dampfendem Wasser gefüllten natürlichen Pools in einer Höhle bei Banff, die schließlich zur Gründung des Nationalparks führten, sind heute als Cave and Basin National Historic Site geschützt und werden nicht mehr zum Baden genutzt. Alternativen sind die Banff Upper Hot Springs, die Miette Hot Springs bei Jasper und die Radium Hot Springs im Kootenay National Park. Eine der größten Anlagen liegt im Columbia Valley außerhalb der Parks im Hotel- und Camping-Resort und gleichnamigen Ort Fairmont Hot Springs.

Der Tourismus in der Umgebung dieser Pools, die zwischen 30 und 39 Grad Celsius heiß sind, hat eine mehr als hundertjährige Tradition. Ab 1887 war das Land rings um die Quellen von wechselnden Besitzern bewirtschaftet worden, die eine Ranch und ein Gasthaus bauten. Um 1900 konnte man für zwei Dollar am Tag im Fairmont Hotel Springs übernachten, ein Besuch der Quellen war inklusive. 1912 kaufte William Heap Holland, ein Millionär aus England, das Anwesen, kümmerte sich um Werbung in Europa und lockte damit britische Touristen an. Er baute den ersten befestigten Pool, einen Zeltplatz und Bungalows. Heute besteht das

Das historische Badehaus

Resort aus einer Lodge, diversen Restaurants, einem Wohnmobilpark und jeder Menge Sport- und Freizeitanlagen. Ein Teil der Quellen liegt im öffentlich zugänglichen Teil der Anlage und sorgt für einen lohnenden Zwischenstopp.

Vom Parkplatz vor der Lodge geht es über die Straße und ein paar Meter den Hügel hinauf zum alten Badehaus. In dem kleinen Steingebäude luden früher drei Badewannen die Gäste zum Entspannen im Quellwasser ein. Rings um das Gebäude hat das hervorsprudelnde heiße, mineralreiche Wasser den Kalktuffboden orange, weiß und braun eingefärbt, das blaue Wasser und die grünen Algen sorgen für interessante Kontraste. Highlight ist die Sitzbank an einem kleinen Becken auf dem Plateau oberhalb des Badehauses, von der man einen tollen Blick ins Tal und auf die Purcell Mountains genießen kann,

Die heißen Quellen entspringen am Fuß der Rockies.

während die Füße im warmen Wasser stecken. Wer im Resort übernachtet oder hindurch spaziert, findet oberhalb des RV-Parks den Ausgangspunkt zum Waterfall Trail. Er führt einen Kilometer am Fairmont Creek entlang hinab ins Tal und zu einem heißen Wasserfall.

Heiße Felspools am Fluss: Die Lussier Hot Springs

Natürlich gibt es auch Quellen abseits des Trubels. Den Ureinwohnern waren sie viele Jahrhunderte lang als Orte der Heilung bekannt und von großem Nutzen. Viele davon sind immer noch nur zu Fuß erreichbar. Eine Ausnahme sind die natürlichen Quellen im Wald am Ufer des Lussier River. Sie liegen im Whiteswan Lake Provincial Park, der über eine nicht allzu holprige Schotterstraße angefahren werden kann, aber weit genug abseits vom Highway beginnt, um nicht völlig überlaufen zu sein. BC Parks hat den Weg hinab zum Flussufer inzwischen befestigt, zwei einfache Toiletten am Parkplatz errichtet und schickt regelmäßig Ranger vorbei. Nichtsdestotrotz haben die aus Flusssteinen provisorisch abgegrenzten Becken ihren Charme behalten. Je nach Nähe zum Fluss fließt mehr oder weniger kaltes Wasser dazu, sodass im heißen Sommer auch kühlere Becken zum Planschen entstehen. Ganz Mutige erfrischen sich zwischendurch im nicht sehr tiefen Lussier River, bevor sie es sich wieder im warmen Wasser gemütlich machen oder sich auf den Felsen sonnen.

Info

Lage:

- Fairmont Hot Springs, 5225 Fairmont Resort Road, Fairmont Hot Springs, BC V0B 1L1, GPS: Besucherparkplatz 50.329081, -115.842572
- Lussier Hot Springs, Whiteswan Lake Forest Service Road, East Kootenay, BC, GPS: Parkplatz 50.136081, -115.578500

Anfahrt:

- Von Norden kommend im Ort Fairmont Hot Springs vom Highway 95 links auf die Fairmont Resort Road abbiegen. Nach 1,5 km am Straßenrand oder auf dem Resort-Parkplatz parken. Die Quelle ist auf der anderen Straßenseite, ein Pfad führt den Hügel hinauf.
- Zu den Lussier Hot Springs von Canal Flats (der nächsten Gemeinde) 5 km auf dem Highway 95 nach Süden fahren, dann links in die Whiteswan Lake Forest Road (Achtung vor Lkw, die die Schotterpiste auch benutzen!) abbiegen. Der Parkplatz für die Quellen folgt nach 17,7 km.

Eintritt: für die natürlichen Pools frei, für den öffentlichen Pool im Fairmont Hot Springs Resort 13 CAD pro Erwachsenen, Kinder ab 4 Jahren 11 CAD, ab 13 Jahren 12 CAD

Aktivitäten: baden, camping

Unterkünfte:

- Spruce Grove Campground, großer grüner Platz mit Pool im Tal am Columbia River, Zeltplatz 33 CAD, Wohnmobilplatz mit Strom und Wasser 51 CAD, 5250 Spruce Grove Frontage/Hwy 93/95, Fairmont Hot Springs, BC V0B 1L1, Tel.: +1250 345 6561, E-Mail: camp@sprucegroveresort.com, fairmonthotsprings.com/rv-camping/spruce-grove-campground
- Alces Lake Campground, 3,5 km von den Lussier Hot Springs entfernter einfacher Zeltplatz am Seeufer, Registrierung vor Ort, 23 CAD pro Stellplatz, weitere 4 Campingplätze im Whiteswan Lake Provincial Park, www.env.gov.bc.ca/bcparks/explore/parkpgs/whtswan/#VehicleAccessibleCamping

Webseite: www.env.gov.bc.ca/bcparks/explore/parkpgs/whtswan/

Hinweis:

- Nachts ist die Benutzung der Quellen am Resort nicht gestattet.
- Für die Lussier Hot Springs gelten folgende Regeln: bekleidet baden, keine Hunde mitbringen, keinen Alkohol trinken, die Becken sauber halten.
- BC Parks weist außerdem darauf hin, dass die Quellen manchmal abkühlen können und der Weg hinab im Winter rutschig sein kann.

13. Cranbrook: Sehen, wie die Queen durch Kanada gereist ist

Die 20.000-Einwohner-Stadt im südlichen Rocky-Mountain-Graben hat eine sehenswerte Altstadt. Vor allem aber sollte man das History Centre nicht verpassen: Das Museum zeigt unter anderem eine Sammlung historischer Züge, deren luxuriöse Innenausstattung von vergangenen Zeiten erzählt.

Die Lage von Cranbrook im Süden des Rocky-Mountain-Grabens ist kein Zufall: 1883 hatte ein Brite einen Großteil des Landes gekauft. Er nannte sein Anwesen Cranbrook – nach seiner englischen Heimatstadt. 1898 hat die Canadian Pacific Railway dann festgelegt, dass genau dort das Verwaltungszentrum der Route über den Crowsnest Pass entstehen soll. Sieben Jahre später wurde die Stadt gegründet. Heute fungiert Cranbrook als regionales Versorgungszentrum. Besucher profitieren von den unzähligen Einkaufsmöglichkeiten, Restaurants und Unterkünften – und dem guten Wetter. Mit 2229 Sonnenstunden pro Jahr gilt Cranbrook als die sonnenreichste Stadt in British Columbia. Perfekte Ausgangsbedingungen für Ausflüge in die Rocky Mountains im Osten.

Das Mount Baker Hotel

Es lohnt sich allerdings auch, mindestens einen halben Tag in der Stadt einzuplanen. Zum einen, um durch die Altstadt zu spazieren, die aufgrund zahlreicher Gebäude vom Anfang des 20. Jahrhunderts die Bezeichnung tatsächlich verdient hat. Zum anderen für einen Besuch im Cranbrook History Centre.

Der Kern der Altstadt erstreckt sich vier Blocks lang von der Baker Street zur 4th Street South und fünf Blocks breit von 9th bis 14th Avenue – sie lässt sich also problemlos zu Fuß erkunden. Karten mit Routen und Infos zu den Häusern gibt es im Museum und im Visitor Centre (2279 Cranbrook

Street). Während es rings um die Baker Street vor allem administrative und kommerzielle Bauwerke zu sehen gibt, sind es auf dem Baker Hill eher Wohnhäuser, mit Backstein- oder Holzfassaden. Sehenswert ist das Theater mit seinen mächtigen Holzsäulen. an der 11th Avenue gleich neben dem Mount Baker Hotel an der Ecke zur Baker Street

In Betrieb: Das Theater

Das History Centre liegt am Rand der Altstadt. Ein Teil des Museums ist in einem Güterschuppen von 1898 untergebracht. Dort befindet sich eine Modelleisenbahn, die Landschaften aus der Umgebung nachempfindet und von den Besuchern in Gang gesetzt werden kann, sowie eine Ausstellung zur Geschichte der Region von den Ureinwohnern bis zu den ersten Europäern und dem Goldrausch. 2018 wurde sie um Fossilien aus der Gegend um Fort Steele und der Burgess Shale (siehe Seite 37) ergänzt. Der Anbau daneben wurde vor allem zu einem Zweck gebaut: Um der Royal Alexandra Hall ein neues Gebäude zu geben. Der edle, mit Eichenholz verkleidete Saal war einst ein Café in einem Luxushotel in Winnipeg, das 1906 im Edwardianischen Stil erbaut worden war. 1967 wurde es geschlossen und sämtlicher Zierrat, den das Museum im Jahr 1999 erwerben konnte, in Einzelteilen eingelagert.

Die Royal Alexandra Hall

Ein weiteres Highlight befindet sich auf dem Außengelände und ist nur im Rahmen geführter Touren zu besichtigen: Das Museum der Bahnreise, mit derzeit 28 historischen Waggons das größte seiner Art in Nordamerika. Der berühmteste Zug der Sammlung ist kanadisches Kultureigentum, denn er wurde von der königlichen Familie und ihren Gästen bei Reisen durch Kanada genutzt, darunter Winston Churchill, die spätere Queen Elizabeth und die Kennedys. Der ursprünglich als Büro und Ankleide genutzte Waggon befindet sich noch im unrestaurierten Zustand. Hier kann man sich vorstellen, wie viel Arbeit nötig ist, bevor das ursprüngliche Aussehen wieder erreicht wird. Dafür arbeitet das Museum im Rahmen eines sozialen Projektes mit jungen Leuten zusammen, die kriminell auffällig

Reisen mit Stil: Der Zug der Royal Family

geworden sind. Die noch gut erhaltenen Schlafzimmer und Privatbäder der königlichen Familie sowie die Abteile des Personals vermitteln ein Gefühl dafür, wie Luxusreisen früher ausgesehen haben. Derzeit können 13 Waggons aus verschiedenen Epochen in anekdotenreichen Touren besichtigt werden.

Info

Lage: Cranbrook History Centre, 57 Van Horne Street South, Cranbrook, BC V1C 1Y7, GPS: Altstadt Cranbrook 49.512144, -115.768669

Anfahrt: Das Museum liegt direkt am Highway 95, von Norden kommend auf der rechten Seite. Vor und nach dem Backsteingebäude gibt es Parkplätze. Zur Altstadt gelangt man zu Fuß von hier oder man parkt gegen Gebühr an der Baker Street einen Block weiter.

Öffnungszeiten: Juli und August montags bis samstags 9 bis 18 Uhr sowie sonntags 10 bis 17 Uhr, September bis Mitte Oktober täglich 10 bis 17 Uhr, Mitte Oktober bis Juni dienstags bis sonntags 10 bis 17 Uhr

Eintritt: Museum 5 CAD für Erwachsene, 3 CAD für Kinder, Museum und große Führung 21 CAD für Erwachsene, 11 CAD für Kinder sowie weitere günstigere Touren möglich

Aktivitäten: geführte Touren im Museum, spazieren, fotografieren, Shopping

Unterkünfte:

- Fort Steele Campground, uriger privater Campingplatz in ruhiger Lage mit beheiztem Pool, Feuerschalen an jedem Platz, sehr nette Gastgeber, Zeltplatz 30 CAD, Wohnmobilstellplatz mit Wasser, Strom und Abwasser 37 CAD, 335 Kelly Road, Fort Steele, BC V0B 1N0, Tel.: +1 250 426 5117, E-Mail: wecamp@fortsteelecampground.com, www.fortsteelecampground.com/
- Prestige Rocky Mountain Resort, Hotel direkt am Museum, Gästezimmer und Suites für bis zu 4 Personen, auch Doppelzimmer in Eisenbahnwaggons, Zimmer mit 2 Queen-Betten ab 170 CAD, Designer-Suite im Waggon ab 340 CAD, 209 Van Horne Street South, Cranbrook, BC V1C 6R9, Tel.: +1 250 417 0444, E-Mail: Cranbrook@PrestigeHotels.ca, www.prestigehotelsandresorts.com/locations/cranbrook/overview/

Webseite: www.cranbrookhistorycentre.com

Hinweis: Die Touren im Museum sind auf Englisch, aber es gibt Infoblätter über die Züge auf Deutsch.

14. Wandern am Island Lake: Das verborgene Juwel von Fernie

Eine Szenerie wie von einer Postkarte – eine baumbestandene Insel inmitten eines kleinen Sees, umgeben von spitzen Bergen – und trotzdem keine Menschenmassen. Das erwartet den Wanderer wenige Kilometer entfernt von dem bekannten Wintersportort im Süden British Columbias.

Die gigantischen Zedern

Die 5200-Einwohner-Stadt Fernie gehört zu den Städten in den Rockies, die es ohne den Kohlebergbau wohl nicht gegeben hätte. 1898 an der ebenfalls neuen Bahnstrecke gegründet, sollte es noch 23 Jahre dauern, bis Fernie auch als Tourismusort langsam von sich reden machte. In den 1970er-Jahren rückte das Städtchen ins Rampenlicht, als es sich um die Winterolympiade bewarb. Heute ist es für seine Altstadt berühmt, die 1910 nach zwei Feuersbrünsten wiederaufgebaut wurde. Im Sommer tummeln sich Einheimische und Besucher am Elk River (oder lassen sich auf Booten hinuntertreiben), in den schattigen Wäldern des Mount Fernie Provincial Park oder in den Bergen: Zum Wandern sticht eine Ecke durch ihre Schönheit besonders hervor – der Island Lake, zwölf Kilometer von Fernie entfernt.

Das Ungewöhnliche: Das 28 Quadratkilometer große Wandergebiet auf 1400 Metern über Null ist in privater Hand. See, Wald und Wege gehören zur Island Lake Lodge, die 1988 für Skifahrer und Snowboarder gebaut wurde, die hier nicht mit Liften auf die Berge fahren, sondern mit Schneeraupen. Auch im Sommer sind die Ferienhäuser und das Restaurant geöffnet. Doch das Wandern ist jedem gestattet. Der Vorteil: Die Wege werden gut in Schuss gehalten.

Besucher können aus neun markierten Wanderwegen wählen. Der einfachste mit nur zwei Kilometern Länge ist der Lake Trail, der rings um den See führt. Er beginnt wie einige andere auf der Wiese hinter der Lodge an einem Schild, das über die Wege und ihren aktuellen Zustand informiert. Zunächst geht es hinab zum See, wo ein Abstecher an einer Plattform am Ufer endet, die für Trauungen benutzt wird. Danach führt er etwas durch den Wald, macht eine Kurve um einen Teich und kehrt zurück an den See. Ein weiterer Abstecher führt auf eine winzige Halbinsel mit toller Sicht. Kurz vor dem Ende passiert er den Bootsanleger. Von diesem Weg hat der Wanderer immer wieder Ausblick auf die Insel und die Berge ringsum: Von der Lodge aus blickt man in Richtung Lizard Range, einer Bergkette von 44 Kilometern Länge und einer maximalen Höhe von 2373 Metern. Mit der Range im Rücken erblickt man Mount Baldy zur linken und Mount Fernie zur rechten Seite. Auch nach Tieren lohnt es sich Ausschau zu halten. Adler jagen in dem See nach Beute, Rehe und Elche streifen durch die Wälder. Um unangenehme Begegnungen mit Bären zu vermeiden, gilt: regelmäßig Krach machen!

Die Insel im See

Wer etwas mehr Zeit hat, kann den Lake Trail verlängern und nach dem Teich links auf den Fir Trail abbiegen, der einen Kilometer hinzufügt. Er führt weiter oberhalb des Sees durch sogenannten Primärwald, in dem alte, riesige

Die Island Lake Lodge

Zedern stehen, die Anfang des 20. Jahrhunderts nicht der Holzindustrie zum Opfer gefallen sind. Anspruchsvollere Wege führen zum Tamarack Viewpoint an den Hängen des Mount Fernie oder auf den Nordgipfel des Mount Baldy. Für die größte Herausforderung bietet es sich an, eine geführte Tour in der Lodge zu buchen oder in einer Gruppe unterwegs zu sein, da Start- und Endpunkt nicht die selben sind. Die Rede ist von Heiko's Trail, der mit 22 Kilometern Länge und 1371 Höhenmetern im Aufstieg nichts für Anfänger ist. Er wurde nach Heiko Socher benannt, der den Weg im Jahr 2000 erstbegangen hat. Er führt an Wasserfällen und einer Höhle vorbei, durch einen Canyon und über drei Bergpässe – und endet am Island Lake.

Blick zu den Gipfeln der Lizard Range

Info

Lage: Mount Fernie Park Road, Fernie, BC V0B 1M0, GPS: Island Lake Lodge Wanderparkplatz 49.509706, -115.176164

Anfahrt: Vom Visitor Centre in Fernie dem Highway 3 nach Süden durch die Stadt folgen, nach 5,1 km rechts abbiegen (Ausschilderung: Island Lake). Nach etwa 1 km quert die zunächst geteerte Mount Fernie Park Road den Mount Fernie Provincial Park. Danach wird daraus eine Schotterpiste, die nach 8,2 km den Parkplatz erreicht. Sie ist in der Regel mit normalen Fahrzeugen befahrbar, hat aber einige enge Kurven. Wer mit Wohnmobil reist, fragt am besten im Visitor Centre nach, ob die Strecke aktuell empfohlen werden kann.

Öffnungszeiten: Die Lodge ist vom 8. Juni bis 8. Oktober geöffnet, außerdem für Skifahrer im Winter.

Aktivitäten: wandern, fotografieren, Boot fahren (Kanus für 20 CAD pro Stunde in der Lodge ausleihbar), Mountainbiking

Unterkünfte:

- Island Lake Lodge, vier Häuser in traditioneller Blockbauweise, Zimmer mit Queen-Bett für zwei Personen mit Frühstück ab 165 CAD, private Balkone oder öffentliche Terrassen teilweise mit Whirlpool, Mount Fernie Park Road, Fernie, BC V0B 1M0, Tel.: +1 250 423 3700, E-Mail: info@islandlakeresorts.com, islandlakelodge.com
- Mount Fernie Campground, kleiner Zelt- und RV-Platz im Wald im Provincial Park mit Picknickbänken und Feuerstellen, Duschen vorhanden, 30 CAD pro Nacht, zwischen 15. Juni und Labour Day (1. Montag im September) 7 Nächte Mindestaufenthalt, Reservierung unter discovercamping.ca, www.env.gov.bc.ca/bcparks/explore/parkpgs/mt_fernie/

Webseite: www.tourismfernie.com/activities/hiking-trails/island-lake-lodge

Hinweise:

- Bärenspray mitnehmen.
- Wanderkarten und Wegbeschreibungen gibt es im Visitor Centre, 102 Commerce Road, Fernie, BC V0B 1M0.
- Der Startpunkt für Heiko's Trail liegt nicht am See, sondern an der ungeteerten Hartley Lake Road – sie ist mit dem Mietwagen eventuell nicht befahrbar, das Visitor Centre kann zum Zustand Auskunft geben.

15. Wandern an den Elk Lakes: Vielfalt im Kleinen

Gerade mal 172 Quadratkilometer ist der Elk Lakes Provincial Park an der Grenze zu Alberta groß. Wäre er besser erreichbar, würden sich sicher Tausende an den Seeufern tummeln, denn die Ausblicke auf steile Felswände, Gipfel und Gletscher sind fabelhaft. Neben gut ausgebauten Wanderwegen bietet er auch Routen für Wildnis-Erprobte.

So nah und doch so fern: Der 1973 gegründete Elk Lakes Provincial Park grenzt direkt an den vergleichsweise gut erschlossenen Peter Lougheed Provincial Park (siehe Seite 120) in Kananaskis. Doch mit dem Auto müsste man mangels Direktverbindung von einem in den anderen Park rund 380 Kilometer zurücklegen. Kürzer ist die Anfahrt, wenn man bereits in der Crowsnest Pass Region unterwegs ist. Für Wanderfreunde gibt es jedoch eine Alternative: über den West Elk Pass. Für die rund 22 Kilometer lange Rundwanderung sollte man sechs bis sieben Stunden einplanen.

Kurz nach dem Pass: Der Fox Lake

Die Wanderung beginnt am Elk-Pass-Parkplatz in der Nähe der Kananaskis Lakes. Sie führt durch Nadelwald steil bergan, bis sie nach dem ersten Kilometer die Stromleitungen kreuzt und kurz danach rechts zum Fox Creek abfällt. Nach der Brücke hält man sich rechts und folgt dem Bachlauf allmählich aufwärts. Schilder mit Wandersymbol zeigen an den wenigen Kreuzungen die richtige Richtung an. Nach 5,1 Kilometern ist auf dem

Ferne Gletscher, nahe Berge am Lower Elk Lake

Pass die Grenze zwischen Alberta und British Columbia erreicht. Nun folgt man dem Wegweiser Richtung Fox Lake, passiert diesen kleinen See und steigt an den Hängen von Mount Fox bergab. Ein Abzweig nach rechts führt zu einem Aussichtspunkt, der 2018 aber gesperrt war. Bei Kilometer 8,9 ist eine Kreuzung erreicht: Rechts geht es auf einem lohnenswerten Abstecher zum Ufer des Upper Elk Lake, geradeaus ist nach rund einem Kilometer der Lower Elk Lake erreicht, das Ziel der Tageswanderung.

Statt auf dem selben Weg zurückzukehren, kann man am Ufer entlang weitergehen, vorbei am Campingplatz. Rund 100 Meter vor der Elk Lake Cabin zweigt links ein Pfad vom Hauptweg ab. Er führt entlang des Elkan Creek über eine Distanz von rund vier Kilometern zurück auf den West Elk Pass. Da der Weg immer wieder Wiesen kreuzt, bietet er Aussichten auf die vielen Gipfel der Elk Range im Osten. Vom Pass nimmt man den bereits bekannten Weg zurück zum Parkplatz. 440 Höhenmeter im Aufstieg sind insgesamt zu bewältigen.

Alternativ kann man auf dem Zeltplatz oder in der Hütte übernachten und weitere Ausflüge unternehmen: So führen Abstecher vom West Elk Pass zum hoch gelegenen Frozen Lake unterhalb des 3196 Meter hohen Gipfels des Mount Fox, zwischen den Elk Lakes zu einem Aussichtspunkt oder vom Upper Elk Lake zum Pétain Creek Waterfall. Wer den langen Zugang über den Pass scheut, wird bei einer Anreise mit dem Auto also auch eine gute Auswahl an kürzeren und längeren Wegen vorfinden, die rings um die Seen sehr gut ausgebaut sind. Wer bereits Erfahrungen mit Wanderungen in der Wildnis hat, kann das Pétain Basin oder den Coral Pass erkunden. Diese Routen werden allerdings kaum gewartet und können schwer auszumachen sein. Eine gute Vorbereitung ist erforderlich, da es im Park keinen Internet- und Handyempfang gibt.

Hat man das Ufer des Lower Elk Lake erreicht, wird man mit einer fantastischen Sicht auf die umliegenden Berge belohnt, etwa auf den Mount Aosta (2994 m) am anderen Ufer. Zwischen den Gipfeln von Mount Castelnau und Mount McCuaig ist der Castelnau Glacier sichtbar. Am Upper Elk Lake beeindruckt vor allem die deutliche Faltung in der Felswand des Mount Fox. Mit etwas Glück lassen sich Bergziegen, Dickhornschafe und Bären beobachten. Wapitis, Weißwedelhirsche und Elche frequentieren die zahlreichen Wiesen im Park. Biber und Wasservögel sind an den Seen heimisch. Unterhalb der Baumgrenze – der Großteil des Parks liegt darüber – bestimmen Nadelbäume, Beerenbüsche und Bergblumen die Landschaft, die man selbst in der Hochsaison nur mit wenigen Touristen teilen muss.

Zwischen den Seen plätschert ein Bach.

Der Rückweg führt über viele Lichtungen.

Info

Lage: Der Elk Lakes Provincial Park liegt südlich der Grenze zu Alberta im Südosten von British Columbia, etwa auf der Höhe von Invermere, GPS: Elk Lake Provincial Park Parkplatz 50.550928, -115.070942

Anfahrt: Vom Highway 3 in Sparwood auf die Straße 43 nach Elkford abbiegen (35 km). Über Schotterstraßen (rund 69 km) gelangt man zum Parkeingang nahe der Elk Lakes. Der Ausgangspunkt zum Cadorna Creek ist 16 km vorher. Fahrzeit von Sparwood: rund 2 Std. Ein Fahrzeug mit hoher Bodenfreiheit wird empfohlen.

Aktivitäten: Boot fahren auf den Seen erlaubt (kein Verleih), klettern, radfahren (im Park nur bis zum Zeltplatz erlaubt, Mountainbiker nutzen die Route entlang der Stromleitungen, um von Kananaskis aus zu den Elk Lakes zu gelangen), angeln (mit Lizenz), wandern, schwimmen, im Winter: Langlauf und Schneeschuhwandern

Unterkünfte:

- Elk Lakes Cabin, einfache Wanderhütte des Alpine Club of Canada für bis zu 14 Personen, Holz und Propangas (für Licht, Kochen und Heizen) werden gestellt, kein fließendes Wasser, eigene Schlafsäcke nötig, 25 CAD, Tel.: +1 403 678 3200
- Walk-in Camping am Lower Elk Lake und am Pétain Creek, Selbstregistrierung vor Ort, 5 CAD (frei für Kinder unter 6)

Webseite: www.env.gov.bc.ca/bcparks/explore/parkpgs/elk_lk (mit Karten)

Hinweis: Im Park gibt es kein Trinkwasser, Filtersysteme oder ausreichende Vorräte werden empfohlen.

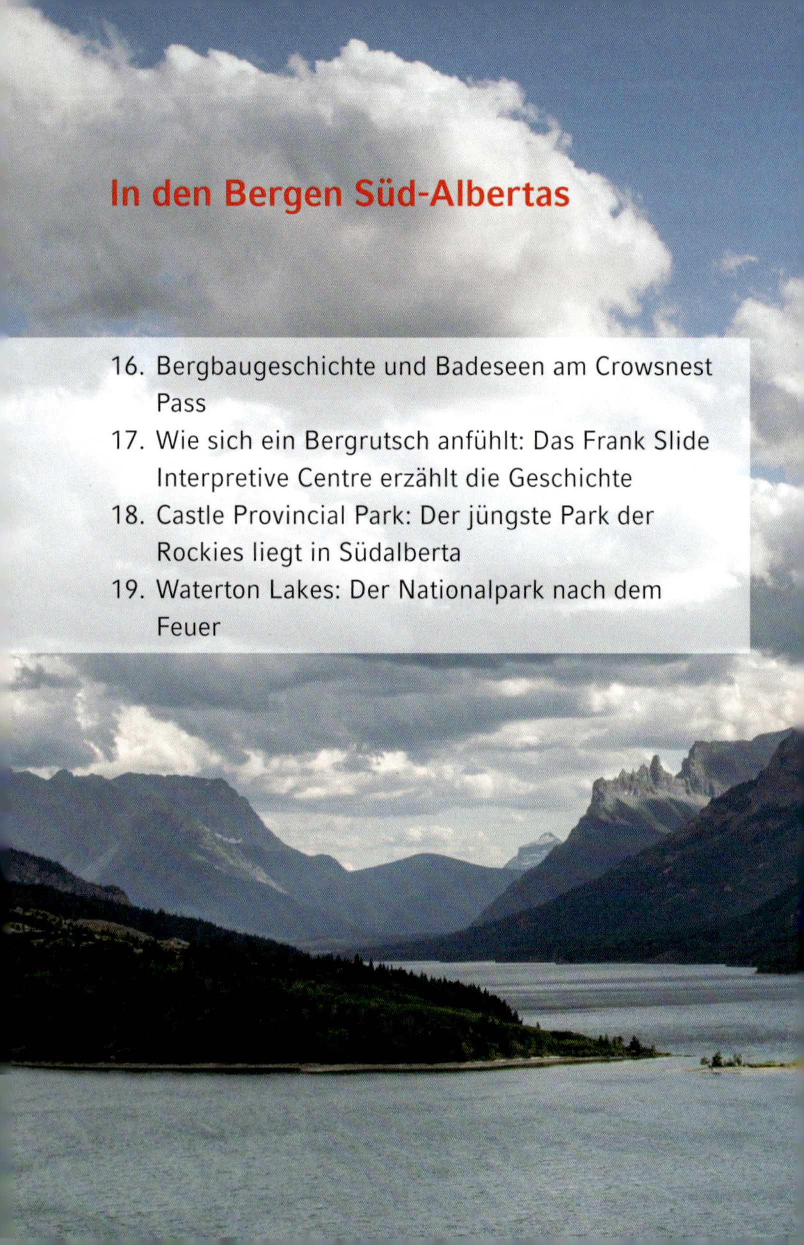

In den Bergen Süd-Albertas

16. Bergbaugeschichte und Badeseen am Crowsnest Pass
17. Wie sich ein Bergrutsch anfühlt: Das Frank Slide Interpretive Centre erzählt die Geschichte
18. Castle Provincial Park: Der jüngste Park der Rockies liegt in Südalberta
19. Waterton Lakes: Der Nationalpark nach dem Feuer

Das Prince of Wales Hotel steht auf einer Halbinsel an den Waterton Lakes.

16. Chinook Lake
17. Frank Slide Interpretive Centre
16. Crowsnest Pass
Lundbreck
Pincher Creek
Beaver Mines
18. Castle Mountain Provincial Park
ALBERTA
Twin Butte
BRITISH COLUMBIA
Waterton National Park
Waterton
KANADA
19. Crypt Lake Trail
USA
Glacier National Park

16. Bergbaugeschichte und Badeseen am Crowsnest Pass

Ein Favorit der Einheimischen, der nur selten auf der Route von Reisenden liegt, ist der Chinook Lake zu Füßen des auffälligen Tafelberges mit dem passenden Namen Crowsnest Mountain – ein Highlight in der Nähe der Passstraße von British Columbia nach Alberta.

Wie jede Passstraße in den Rocky Mountains bietet auch der Highway 3 über den Crowsnest Pass, der British Columbia und Alberta verbindet, viele „Halt mal schnell an"-Momente, weil die Aussicht vom Straßenrand sich ständig ändert. Aus dem Westen kommend, erreicht man nach einem kurzen Anstieg die Passhöhe von nur 1358 Metern, den Summit Lake und kurz darauf einen zweiten Island Lake (zum Island Lake bei Fernie siehe Seite 70). Der Highway führt mitten über den See, umgeben von Wasser, Wald und den Gipfen der Crowsnest Ridge zur linken und der Island Ridge zur rechten Seite.

Burmis Tree

Wenig später fährt man am Ufer des größeren Crowsnest Lake entlang, wo schon vor 7500 Jahren Menschen gecampt haben, um in den Gewässern zu fischen. Erst danach weitet sich das hochgelegene Tal, und kurz nachdem man das Visitor Centre passiert hat, erblickt man links der Straße zum ersten Mal den Crowsnest Mountain, den allein stehenden Berg mit seinem prägnanten, 2785 Meter hohen Gipfel. Benannt ist er nicht nach seiner Form, die an ein Nest erinnern könnte, sondern nach den schwarzen Vögeln, die der Stamm der Cree in der Gegend nisten sah – allerdings sollen es Raben und keine Krähen gewesen sein.

Die auf die Seen folgenden fünf Dörfer entlang des Crowsnest River bilden die Gemeinde Crowsnest Pass. Rund 5500 Menschen leben in Coleman, Blairmore, Frank, Hillcrest und Bellevue. 1976, als es mit dem Kohleabbau bergab ging, waren es 7200. 1898 war die Bahnlinie über den südlichsten Pass der kanadischen Rockies erschlossen worden, um die wertvolle Kohle zu transportieren, die damals Investoren und Arbeiter aus der ganzen Welt anlockte. Heute spielen vor allem Öl, Gas, Schwefel und Holz eine wichtige Rolle für die regionale Wirtschaft. Die Erinnerung an die Kohlezeit ist allgegenwärtig, und wer Richtung Osten weiterfährt, trifft auf historische Orte wie den 800 Meter langen Miner's Path in Coleman, der zu einer geschlossenen Mine und einem winzigen Wasserfall führt, das Besucherbergwerk in Bellevue oder 4,5 Kilometer weiter die Leitch Collieries, Ruinen einstiger Minengebäude. Zu den ungewöhnlichsten Sehenswürdigkeiten gehört der Burmis Tree, der 1,7 Kilometer nach den Collieries auf der linken Straßenseite steht. Die Kiefer soll zwischen 600 und 750 Jahre alt geworden sein, bis sie in den 1970er-Jahren abstarb. Ihre kahlen Äste reckt sie immer noch in den Himmel – dazu wurde ein bisschen nachgeholfen.

Wer nach all dem Fahren eine Pause in der Natur herbeisehnt, sollte zwischen Crowsnest Lake und Blairmore vom Highway aus hinauf zum Chinook Lake fahren. Der auf rund 1500 Metern Höhe gelegene See ist die Anfahrt auf der Schotterstraße (die auch ein Kleinwagen schafft) wert. Das blaue, klare Wasser und das an einigen Stellen seichte Ufer machen ihn zum Planschen und Schwimmen ideal. An den Wochenenden kann es auf dem Campingplatz voll werden, denn auch die Kanadier kommen gerne zum Grillen, Zelten, Angeln und Bootfahren hier hoch. Ein 2,3 Kilometer langer Weg führt rings um den See: mal durch den Wald, mal am Ufer

Chinook Lake: Wassersportidyll am Crowsnest Mountain

oder an feuchten Wiesen entlang. Abends, wenn die Wassersportler sich zurückgezogen haben, spiegeln sich an windstillen Tagen der Crowsnest Mountain und später die Sterne im Wasser, die abseits der Orte so schön leuchten. Im Winter werden die Straßen und Wege in diesem Gebiet für Langläufer gespurt.

Übrigens: Wer im Frühling oder Herbst in dieser Ecke unterwegs ist, sollte die Augen ab und zu gen Himmel richten. Dann ziehen tausende Raubvögel, vor allem Steinadler, auf ihrer Reise nach Süden bzw. Norden vorbei. An einem einzelnen Tag wurden schon 1071 und in der Saison 5445 Steinadler gezählt – Weltrekord! Die besten Chancen, die Vögel zu beobachten, hat man Mitte bis Ende März sowie im Oktober von den Aussichtsterrassen am Frank Slide Interpretive Centre (siehe Seite 84).

Info

Lage: Chinook Lake, Allison Creek Road, Coleman, AB T0K 0M0, GPS: Chinook Lake Campingplatz 49.670978, -114.601094

Anfahrt: Vom Island Lake nach dem Crowsnest Pass sind es noch rund 8 km auf dem Highway 3 bis nach einer leichten Linkskurve links die Allison Creek Road abgeht. Abbiegen und ihr für 2,7 km folgen, dann am zweiten Abzweig links abbiegen, an der Trout Hatchery links halten. Die Straße endet an einem Parkplatz am See. Bevor es hinab zum Ufer geht, steht am rechten Straßenrand die Infotafel zur Selbstregistrierung für Camper.

Öffnungszeiten: Der Campingplatz am Chinook Lake ist vom 4. Mai bis 15. Oktober geöffnet.

Aktivitäten: wandern, schwimmen, Boot fahren, angeln, im Winter Skilanglauf

Unterkünfte: Chinook Campground, 90 Stellplätze im Wald und in der Nähe des Ufers mit Picknickplätzen und Feuerstelle, einfach (kein Strom, Plumpsklos), aber schön angelegt, 23 CAD, zum Teil Selbstregistrierung, zum Teil reservierbar (12 CAD Servicegebühr), Tel.: +1 877 537 2757, reserve.albertaparks.ca/campground/124-Chinook

Webseite: albertaparks.ca/parks/south/chinook-pra

Hinweise:

- Am See gibt es keine Rettungsschwimmer.
- Das Wasser am See ist nur zum Löschen von Lagerfeuern gedacht, für alle anderen Zwecke muss Trinkwasser mitgebracht werden.
- Holz kann vor Ort gekauft werden.

17. Wie sich ein Bergrutsch anfühlt: Das Frank Slide Interpretive Centre erzählt die Geschichte

Wer nichtsahnend auf dem Highway 3 zwischen Crowsnest Pass und Lundbreck unterwegs ist, wird sich sehr über den Anblick wundern: Kleine und große Felsbrocken türmen sich links und rechts der Straße, das Geröllfeld erstreckt sich vom Fuß des Turtle Mountain bis hoch auf den gegenüberliegenden Berghang. Es sind die Zeugen eines tödlichen Bergrutsches.

Das Bergrutschmuseum wurde 1985 geöffnet.

Wir schreiben den Abend des 28. April 1903: Im 600-Einwohner-Dorf Frank, das erst zwei Jahre zuvor aus der Erde gestampft worden war, um die Bergbauarbeiter zu beherbergen, die in den angrenzenden Kohleminen arbeiten, hat Schuhmacher John Thornley Besuch von seiner Schwester Ellen. Sie sind im Sulphur Springs Hotel, um die Heilbäder zu nutzen. Spontan entscheiden sie, nicht zurück zu Johns Wohnung zu gehen, sondern im Hotel zu übernachten. So hat es Ellen am nächsten Morgen nicht so weit bis zur Bahn. Sie ahnen nicht, dass ihnen diese Idee das Leben retten sollte.

Holzfassaden erinnern an das zerstörte Dorf.

Am nächsten Morgen war in Frank nichts mehr, wie es war. Ein guter Teil der Stadt lag unter einer bis zu 45 Meter dicken Geröllschicht begraben. 90 Einwohner hatten ihr Leben verloren. Um 4.10 Uhr am 29. April 1903 hatte sich ein Teil des Gipfels vom Turtle Mountain gelöst und war mit 120 Stundenkilometern ins Tal gerast. Der dröhnende Krach soll bis ins 200 Kilometer entfernte Cochrane zu hören gewesen sein. Er hat die Menschen in Frank aus dem Schlaf gerissen, doch für viele war es zu spät, um dem Bergrutsch zu entkommen. 17 Bergmänner wurden in der Mine unter dem Berg eingeschlossen, konnten sich aber nach 13 Stunden befreien.

Dem katastrophalen Bergrutsch von Frank, der Frank Slide, ein Museum zu widmen, klingt zunächst wie eine makabre Idee, aber das Interpretive Centre am Rand des Geröllfeldes funktioniert sehr gut und ist mit vielen spielerischen Elementen sogar für Kinder geeignet. Auf wissenschaftliche und empathische Weise vermittelt das Museum die Geschichten und Fakten hinter dem Unglück. Ganz nebenbei lernt man etwas über die Geologie der Rocky Mountains, über den Kohlebergbau und das Leben um 1900. Zahlreiche Fotos, Tonaufnahmen, Briefe und Protokolle halten die Geschichten der Zeitzeugen lebendig. Über die aktuellen Untersuchungen am Turtle Mountain schlägt es den Bogen zur Gegenwart: Wissenschaftler gehen davon aus, dass es einen zweiten Bergrutsch geben wird, wahrscheinlich aber nicht allzu bald.

1903 ist ein Teil des Gipfels am Turtle Mountain abgerutscht.

Der Rundgang durchs Museum beginnt mit Attrappen von Wohnhäusern nach dem Bergrutsch: die Holzbalken zerbrochen, Schlamm an den Wänden, die Fenster gesplittert. Tonaufnahmen und Zeitzeugenberichte hinterlassen einen starken Eindruck, wie unheimlich dieser Moment gewesen sein muss. Weiter geht es mit Schautafeln zur Vorgeschichte des Dorfes und zu den Lebensgeschichten von Einwohnern. Schließlich erklären Videos und auch interaktive Modelle, wie die Berge entstanden sind und warum Turtle Mountain für einen Bergrutsch prädestiniert war. Die ursprünglich verdächtigte Kohlemine im Inneren war jedenfalls nicht die Hauptursache – soviel sei verraten. Im oberen Stock widmet sich eine Ausstellung der zweiten Katastrophe der Region: Der Explosion am

19. Juni 1914 in der Mine im Nachbardorf Hillcrest, bei der 189 Männer ihr Leben ließen.

Laut den Museumsmachern soll man für einen Besuch inklusive Filmvorführungen ungefähr zwei Stunden einplanen. Wer sich durch die zahlreichen Dokumente liest und den Augenzeugenberichten lauscht, kann aber locker mehr Zeit hier verbringen. Im Außengelände unterhalb des Museums hat man von einer Aussichtsplattform aus einen Ausblick über das Bergrutschgelände und auf den Turtle Mountain. Am Parkplatz beginnt außerdem ein 1,5 Kilometer langer Rundweg hinein ins Geröllfeld, auf welchem man dem Schutt ganz nah kommen kann. Er quert auch die ursprüngliche Bahnlinie und kehrt dann zum Parkplatz zurück. Eine Broschüre mit Informationen zu gekennzeichneten Stopps entlang des Weges gibt es im Souvenirladen des Museums.

Info

Lage: Frank Slide Interpretive Centre, 153 Street, Blairmore, AB T0K 0E0, GPS: 49.600064, -114.394100

Anfahrt: Aus Westen kommend auf dem Highway 3, 2 km nach dem Ortsausgang von Blairmore, im Dorf Frank nach der Tankstelle links abbiegen auf die 153th Street, nach 1 km nicht auf die Schotterpiste, sondern rechts um die Kurve fahren. Die Straße endet 500 m weiter am Parkplatz des Museums.

Öffnungszeiten: 1. Juli bis Labour Day 9 bis 18 Uhr, Labour Day bis 30. Juni 10 bis 17 Uhr

Eintritt: für Erwachsene 13 CAD, für Senioren 11 CAD, für Kinder ab 7 Jahren 9 CAD

Aktivitäten: Museumsbesuch, Spaziergang durch den Schutt der Frank Slide

Unterkünfte: Lost Lemon Campground, kleiner Platz mit Pool und Whirlpool am Crowsnest River in Blairmore, nette Schweizer Inhaber, Zeltplatz ab 30 CAD, Stellplatz mit Strom, Wasser und Abwasser 46 CAD, Bungalow ab 120 CAD, 11001 19th Avenue, Blairmore, AB T0K 0E0, Tel.: +1 403 562 2932, E-Mail: lostlemonrvpark@gmail.com, lostlemon.com

Webseite: www.frankslide.ca/

Hinweis: Der Weg vom Parkplatz zum Museum und das Centre selbst sind barrierefrei.

18. Castle Provincial Park: Der jüngste Park der Rockies liegt in Südalberta

Südlich der Crowsnest-Pass-Region und nördlich vom Waterton Lakes National Park gibt es seit 2017 einen neuen Anlaufpunkt für Camper und Wanderer: den Castle Provincial Park.

Die touristische Entwicklung in den Rocky Mountains ist keineswegs abgeschlossen: Das zeigt die Gründung des neuen Castle Provincial Park im Februar 2017. Zusammen mit der Vergrößerung des Castle Wildland Provincial Park hat Alberta dort 105.000 Hektar unter Schutz gestellt und in Campingplätze und Wanderwege investiert. Ziel: Tourismus und Freizeitindustrie in der Region fördern und die Natur schützen. In der Region leben 200 Tier- und Pflanzenarten, die als selten oder gefährdet eingestuft werden, darunter Grizzly, Vielfraß und Stierforelle.

Das neue Schutzgebiet erstreckt sich beinahe auf die gesamte Länge der Rockies zwischen dem Crowsnest Pass (siehe Seite 81) und dem Waterton Lakes National Park (siehe Seite 92). Langfristiges Ziel von Umweltschützern in Kanada und den USA ist es, eine Art grünen Pfad zwischen dem

Ausblick im Castle Provincial Park

Yukon und dem Yellowstone National Park zu schaffen, um natürliche Migrationsbewegungen von Tieren wieder zu ermöglichen – eine weitere Lücke ist damit nun geschlossen. Wie viele Touristen den neuen Park bereits besucht haben, ist nicht bekannt, teilt Heidi Eijgel vom Besucherservice von Alberta Environment und Parks mit.

Seit 2018 ist die Zugangsstraße zum Kern des Castle Provincial Park, die Straße 774, komplett asphaltiert. Schotterstraßen führen zu weiteren Wanderungen und Campingplätzen an den Castle Falls, wo der Fluss über hübsche Kaskaden in natürliche Becken darunter fließt, oder am Beaver Mines Lake zu Füßen des Table Mountain. Das Castle Wildland und der Lynx Creek im Castle Provincial Park sind schwieriger (z. T. über lange Schotterstraßen) zu erreichen. Wer nicht im Park übernachten will, findet an den Castle Falls, am Beaver Mines Lake und an der Castle River Bridge auch Park- und Picknickplätze.

Viele Wanderwege im Castle Provincial Park sollen als rustikal betrachtet werden, informiert Alberta Environment and Parks – das heißt, sie sind nicht so gut befestigt und ausgebaut, mitunter gilt es Hindernisse zu überwinden. Zum Beispiel beim 4,5 Kilometer langen Aufstieg zu den

Southfork Lakes über 640 Höhenmeter: Nur im Hochsommer ist es möglich, den West Castle River gleich zu Beginn zu überqueren, im Frühjahr ist der Wasserstand zu hoch. Als echte Wildnis-Wanderung ist die Route nur etwas für erfahrene Wanderer. Vom selben Parkplatz an der Straße 774 kurz vor dem Castle Mountain Resort führt auch ein einfacherer Weg im Tal am Syncline Brook entlang, der als gemütliche Halbtagswanderung gilt. Beide Routen sind gut markiert und von Alberta Parks instandgesetzt worden, Schilder am Weganfang sollen bald folgen, so Heidi Eijgel. Detaillierte Beschreibungen gibt es im Visitor Centre.

Blick ins Tal

Instandgesetzt wurde auch der Weg auf den Table Mountain vom Beaver Mines Lake Campground aus. Den Ausgangspunkt erreicht man nach fünf Kilometern auf einer Schotterstraße, der Abzweig am Highway 774 ist ausgeschildert. Hin und zurück ist der Weg acht Kilometer lang, überwindet rund 700 Höhenmeter, setzt Trittsicherheit voraus und gilt als mittelschwer bis schwer. Das Benutzen von Wanderstöcken wird empfohlen. Dafür bekommt man vom 2225 Meter hohen Gipfel eine Rundumsicht hinab auf den Beaver Mines Lake, auf die weiteren Gipfel ringsum und auch in die flache Prärie im Osten. Orange Wegmarkierungen sollen die Orientierung erleichtern. Der Weg verläuft über lange Zeit links von einem Bachlauf, zunächst durch Nadelwald, dann auch über steinigen Untergrund. An einer Gabelung unterhalb des Gipfels können erfahrene Kraxler über das Geröll an der Hinterseite aufsteigen, links führt eine Route etwas sachter durch die Bäume hinauf, bevor sie weiter oben ebenfalls ins Geröllfeld führt. Etwas Kraxelei ist also nötig, bevor man die Aussicht genießen kann.

Info

Lage: Castle Provincial Park, AB-774, Hillcrest Mines, AB T0K 1C0, GPS: Visitor Centre 49.393519, -114.340761

Anfahrt: Vom Crowsnest Pass Highway 3 zwischen Burmis und Lundbreck auf die Straße Nr. 507 nach Süden abbiegen (Ausschilderung Beaver Mines/Castle Mountain Resort). Nach 14 km in Beaver Mines gerade aus weiter auf die Straße Nr. 774 fahren. Nach 15,7 km kurz vor der Brücke rechts abbiegen zum Visitor Centre.

Öffnungszeiten: Die meisten Campingplätze sind vom 4. Mai bis 15. Oktober geöffnet, das Visitor Centre vom 15. Juli bis 3. September täglich 10 bis 16 Uhr.

Aktivitäten: wandern, angeln (Lizenz nötig), Mountainbiking, schwimmen, campen, im Winter Langlauf und Schneeschuhwandern, Abfahrtski im nahegelegenen Castle Mountain Resort

Unterkünfte: 4 Campingplätze im Castle Provincial Park mit insgesamt 191 Stellplätzen, darunter

- Castle River Bridge Campground, 30 Stellplätze für Zelte und Wohnmobile, davon einige nah am Fluss, geöffnet vom 4. Mai bis 9. September, nur Plumpsklos, 21 CAD, Tel.: +1 877 537 2757, reserve.albertaparks.ca/campground/122-CastleRiverBridge
- Comfort Camping Cabins, 5 Hütten für je 4 Personen am Beaver Mines Lake, reservierbar zwischen 1. Juni und 1. Oktober, ausgestattet mit einem Queen- und einem Etagenbett, Ofen, Solarlicht und draußen einer Picknickbank. Kochutensilien, Campingkocher und Schlafsäcke müssen mitgebracht werden (vollständige Liste auf der Website), 80 CAD, Tel.: +1 877 537 2757, albertaparks.ca/parks/south/castle-pp/information-facilities/camping/comfort-camping-cabins

Webseiten:

- albertaparks.ca/parks/south/castle-pp
- albertaparks.ca/parks/south/castle-wpp

Hinweise:

- Bärenspray mitnehmen.
- Das Visitor Centre verteilt Karten, verkauft Feuerholz und verleiht *fat bikes*.
- Das Wasser im Park ist nur für das Löschen von Lagerfeuern gedacht, Trinkwasser (und Vorräte) müssen mitgebracht werden.

19. Waterton Lakes: Der Nationalpark nach dem Feuer

Der südlichste Nationalpark der kanadischen Rockies an der Grenze zu den USA wurde von einem Waldbrand im Jahr 2017 schwer getroffen. Weite Teile sind nach wie vor gesperrt. Eine der spektakulärsten Wanderungen wurde aber verschont.

Rein von der Entfernung liegt der Waterton Lakes National Park bereits abseits der ausgetretenen Pfade: Die 285 Kilometer von Calgary (375 von Banff) sind Touristen oft zu viel für einen Abstecher. In der Saison 2016-2017 sah Waterton rund ein Achtel der Besuchermengen des Banff National Park. Was den kleinsten unter den Nationalparks in den Rocky Mountains von den anderen abhebt, ist, dass er neben typischen Rockies-Landschaften auch hügelige Graslandschaften unter Schutz stellt. Der Übergang zwischen Prärie und Hochgebirge ist kaum eindrücklicher sichtbar als hier. Malerische Ausfahrten auf den Parkstraßen, Wanderungen in jedem Schwierigkeitsgrad und Sehenswürdigkeiten wie der einmalige Red Rock Canyon machten Waterton Lakes für mehrtägige Aufenthalte attraktiv.

Doch dann kam das Kenow Wildfire, ausgelöst von einem Blitzeinschlag in der Nähe der Parkgrenzen im Spätsommer 2017. Es brannte auf einer Fläche von 350 Quadratkilometern, davon 193 innerhalb des Nationalparks. Das entspricht rund 39 Prozent seiner Fläche. Seither arbeitet die Nationalparkverwaltung an der Beseitigung der Schäden. Einige Wege und Zeltplätze im Hinterland konnten im Sommer 2018 wieder öffnen. Der Red Rock und der Akamina Parkway sowie angrenzende Wege und Campingplätze blieben aber geschlossen. Auch das Visitor Centre brannte nieder. Eine Übergangslösung wurde in der Lion's Hall an der Fountain Avenue in Waterton eingerichtet. Ab 2019 soll im Ort ein neues entstehen, inklusive einer Ausstellung über den Stamm der Blackfoot.

Bisons im Grasland

Da auch die Prärielandschaften am Eingang des Parks betroffen waren und Holzwege sowie Grasland niederbrannten, wurde die Bisonherde evakuiert. Seit 1952 lebte hier eine kleine Herde auf einer eingezäunten Koppel – für Jahrzehnte die einzigen der einst typischen Bisons in den Rockies. Inzwischen wurden sie aber auch im Banff National Park wieder angesiedelt: 2017 zunächst in einer Koppel im Panther Valley, 2018 wurden sie dort, im Hinterland, freigelassen. Wann die Bisons nach Waterton zurückkehren können, stand zunächst nicht fest. Laut den Verantwortlichen hängt es davon ab, wie schnell sich das Grasland erholt.

Blick zurück ins Crypt Valley

Gänzlich ohne Feuerschaden ist indes eine abwechslungsreiche Wanderung geblieben: Der Crypt Lake Trail. Von National Geographic einst zu den 20 aufregendsten Wanderungen der Welt gezählt, ist er trotzdem nicht überlaufen. Denn die Zahl der Wanderer ist begrenzt, da der Ausgangspunkt am anderen Ufer des Upper Waterton Lake mit einer Fähre angefahren wird – in der Hauptsaison dreimal, außerhalb einmal täglich. Aufgrund des Anstiegs von 675 Höhenmetern, zum Teil auf Zickzackwegen ohne Schatten, aber auch technisch anspruchsvollen Abschnitten gilt die Wanderung als schwierig. Vor allem die letzten 700 Meter haben es in sich: Der Weg quert zunächst einen Geröllhang. Dann geht es eine Leiter hinauf, durch einen schmalen, etwa 20 Meter langen Tunnel und entlang von Eisenketten ein kurzes Kliff hinauf, Schwindelfreiheit und Trittsicherheit vorausgesetzt. Aber es lohnt sich: Auf 8,6 Kilometern bietet der Weg Ausblick auf drei Wasserfälle, darunter den 175 Meter hohen Crypt Fall. Am Ziel des Weges wartet ein Wald-umsäumter türkisblauer See in einem von Bergen eingerahmten Kessel. Die rückseitige Felswand liegt bereits in den USA. Der Rückweg erfolgt auf der selben Route. Wer noch Zeit bis zur Abfahrt der Fähre hat, kann einen Umweg über die Hell Roaring Falls nehmen. Insgesamt sollte man rund sechs Stunden einplanen, ausreichend Snacks und Wasser, festes Schuhwerk und Bärenspray mitnehmen.

Schwindelfreiheit nötig: Kraxelei kurz vor dem Ziel

Info

Lage: Parkplatz und Fährterminal, 101 Waterton Ave, Waterton, AB T0K 2M0, GPS: Bootsanleger Waterton, Ausgangspunkt Crypt Lake Wanderung 49.053942, -113.907319

Anfahrt: Von Banff auf dem Highway 1 rund 90 km nach Osten fahren, bei Abfahrt 161a auf die Straße 22 nach Süden abbiegen, in Lundbreck auf die 3 nach Pincher Station abbiegen, dort auf die 6 wechseln. Im Nationalpark auf die 5 abbiegen und bis zum Ort folgen. In Watertown die Mount View Road nach links nehmen und an der dritten Kreuzung links in die Waterton Avenue einbiegen (Sackgasse).

Öffnungszeiten: Der Park ist ganzjährig geöffnet. Die Fähre zur Anlegestelle am Crypt Lake Trail verkehrt zwischen Mai und Oktober um 10 Uhr, zwischen 30. Juni und 3. September zusätzlich um 8:30 und 9 Uhr. Rückfahrt: 17:30 Uhr von Mai bis Oktober sowie zusätzlich um 16 Uhr in der Hauptsaison.

Eintritt: Tagesgebühr für den Nationalpark 7,80 CAD für Erwachsene, Kinder frei. Fähre hin und zurück 26 CAD (ab 13 J.), 13 CAD (Kinder bis 12 J.).

Aktivitäten: wandern, Wassersport, klettern, reiten, Fahrrad fahren, tauchen, Kultur, im Winter: Langlauf, Schlittschuhlaufen und Schneeschuhwandern

Unterkünfte:

- Townsite Campground, 237 Plätze auf einer Wiese im Ort am Ufer des Upper Waterton Lake für Wohnmobile (mit Strom 32,30 CAD und Wasseranschluss 38,20 CAD) und Zelte (27,40 CAD), Waschräume mit Duschen, Kochunterstände, 200 Vimy Avenue, Waterton, AB T0K 2M0, Tel.: +1 877 737 3783, reservation.pc.gc.ca
- Northland Lodge, historisches Ferienhaus von 1929, zwei Nächte Mindestaufenthalt, Doppelzimmer ab 278 CAD, 408 Evergreen Avenue, Waterton, AB T0K 2M0, Tel.: +1 403 859 2353, E-Mail: stay@northlandlodge.ca, northlandlodge.ca

Webseiten:

- pc.gc.ca/en/pn-np/ab/waterton
- watertoncruise.com/crypt-lake.php#2

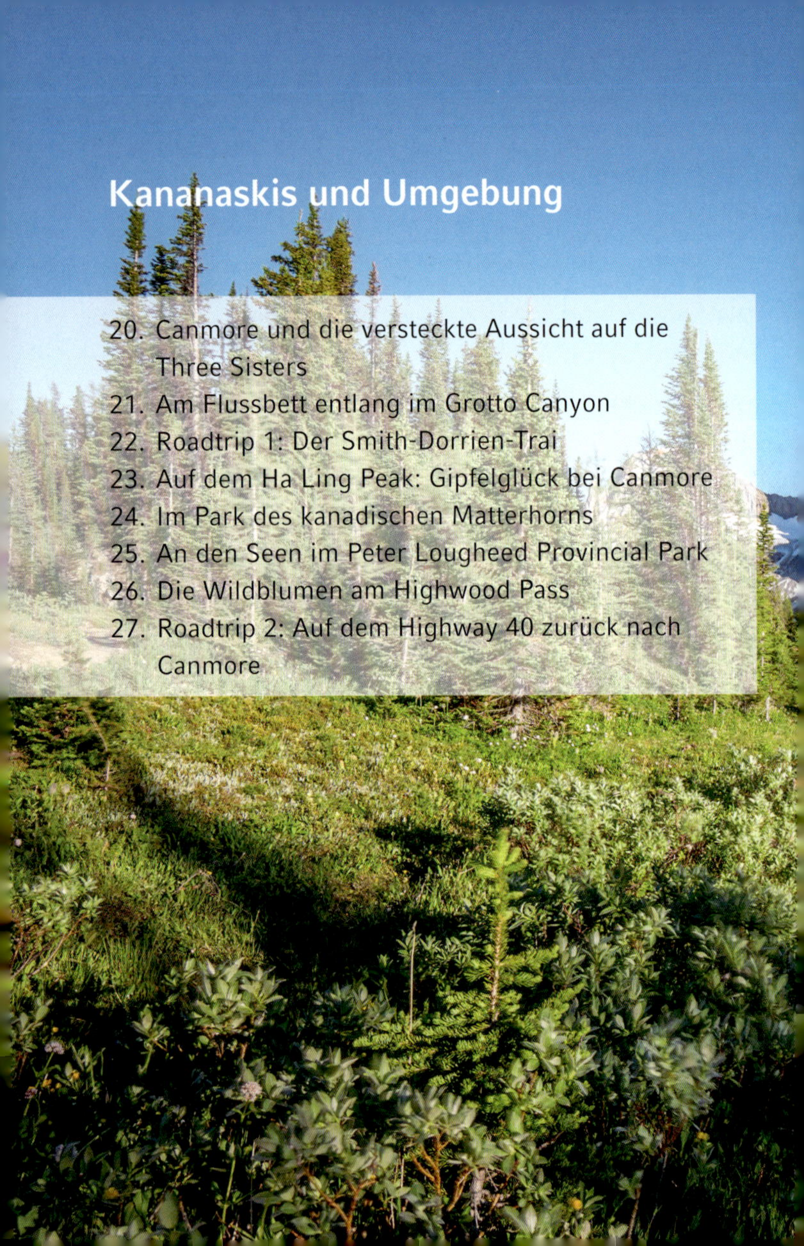

Kananaskis und Umgebung

20. Canmore und die versteckte Aussicht auf die Three Sisters
21. Am Flussbett entlang im Grotto Canyon
22. Roadtrip 1: Der Smith-Dorrien-Trai
23. Auf dem Ha Ling Peak: Gipfelglück bei Canmore
24. Im Park des kanadischen Matterhorns
25. An den Seen im Peter Lougheed Provincial Park
26. Die Wildblumen am Highwood Pass
27. Roadtrip 2: Auf dem Highway 40 zurück nach Canmore

Abendstimmung im Mount Assiniboine Provincial Park am Ufer des Sunburst Lake

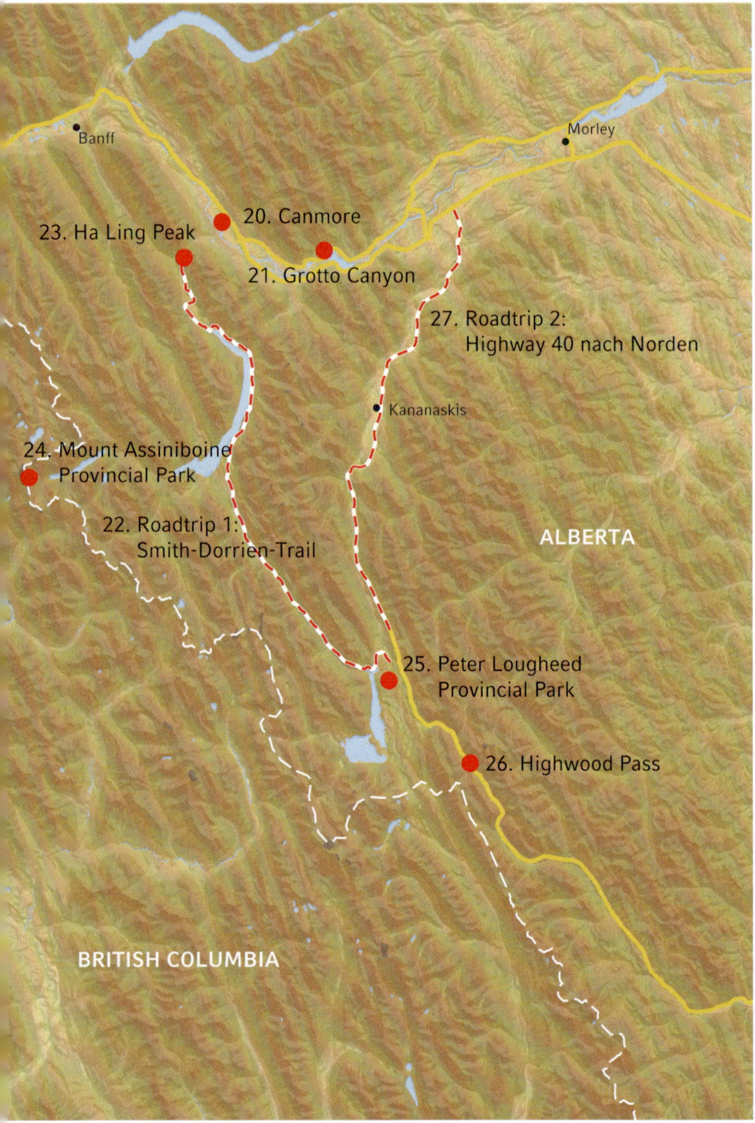
Banff
Morley
20. Canmore
23. Ha Ling Peak
21. Grotto Canyon
27. Roadtrip 2:
Highway 40 nach Norden
Kananaskis
24. Mount Assiniboine
Provincial Park
22. Roadtrip 1:
Smith-Dorrien-Trail
ALBERTA
25. Peter Lougheed
Provincial Park
26. Highwood Pass
BRITISH COLUMBIA

20. Canmore und die versteckte Aussicht auf die Three Sisters

Die Stadt vor den Toren des Banff National Park hat sich vom einstigen Bergbau- zum Luxuswohn- und Urlaubsort gemausert. Kein Wunder: Die Sicht auf die Bergketten ringsum ist klasse. Es gibt aber einen Aussichtspunkt, der auf keiner Karte verzeichnet ist.

Die Lage von Canmore auf etwa 1300 Metern über Null im breiten Tal des Bow River könnte schöner nicht sein: Im Westen überragen die Three Sisters (Drei Schwestern), Mount Lawrence Grassi, Ha Ling Peak und das östliche Ende der Bergkette des Mount Rundle die Stadt, im Osten unter anderem Grotto Mountain und Mount Lady MacDonald. Im Norden geht der Blick bis zum Hausberg von Banff, dem prägnanten, pyramidenförmigen Cascade Mountain. Kleine Seen wie der auch zum Schwimmen gern genutzte Quarry Lake oder die sehenswerten, türkisblauen Grassi Lakes, der Riverside Park am Bow River und der Boardwalk am Policeman Creek laden zum Picknicken und Spazieren innerhalb der Stadtgrenzen ein.

Die Three Sisters spiegeln sich im Policeman's Creek

Dabei hatten die Stadtväter Tourismus noch gar nicht im Blick – es waren vor allem die Kohlevorkommen (siehe Seite 228) und die neue Bahnlinie in den Westen, die 1884 zur Gründung der Stadt geführt haben. 1979 musste die letzte Kohlemine schließen. Heute ist die 13.000-Einwohner-Stadt, die weltweit vor allem durch die Winterolympiade 1988 bekannt geworden ist, schon kein Geheimtipp mehr. Vor allem im Juli und im August kann es entlang der 8th Street im Zentrum ähnlich eng zugehen wie in Banff. Einen Zeltplatz oder einen Tisch im Restaurant findet man im Zweifel in Canmore aber immer noch einfacher. Als Ausgangspunkt für den Banff National Park (der Eingang liegt nur 8 km nördlich) oder für die Provincial Parks in Kananaskis Country (siehe Seite 106) bietet es sich auf jeden Fall an.

Die Three Sisters sind die fotogensten Gipfel der Stadt: Drei prägnante Bergspitzen hintereinander, die man fast von jedem Ort aus erblicken kann. Bereits die Stoney Nakoda nannten sie die Drei Schwestern. Die Europäer gaben ihnen einen etwas protestantischeren Bezug: Der vorderste, eher breite Gipfel wird Charity genannt und ist mit 2769 Metern die Middle Sister, gefolgt von Hope, der Little Sister, die immer noch 2694 Meter hoch ist. Faith, die Big Sister, ist der höchste Gipfel rings um Canmore – mit 2936 Metern Höhe befindet sich ihr höchster Punkt rund 1600 Meter über der Stadt.

Einen guten Blick auf sie bekommt man vom Boardwalk am Policeman's Creek. Beginnen kann man den Weg an den Brücken an der 10th Street oder der 8th Street. Er führt ein paar hundert Meter am Bach entlang, dann kann man rechts abbiegen und über den Spring Creek Drive zurück zum Zentrum laufen. In der anderen Richtung führt er als Waldweg weiter am Policeman's Creek entlang Richtung Norden und zum Bow River. Gelegentlich blitzen Ha Ling oder Mount Rundle durch die Bäume. Ein schöner Spaziergang nach einer ordentlichen Portion Poutine, dem inoffiziellen Nationalgericht Kanadas aus Pommes, Bratensoße und Käse, in einem der Pubs!

The Three Sisters

Die schönste Aussicht auf die Three Sisters befindet sich am selben Bachlauf, aber etwas versteckt am Stadtrand, an der Grenze zum Bow Valley Wildland Provincial Park, der Canmore umgibt. Sie ist vor allem ein Geheimtipp unter Fotografen. An dieser Stelle ist der Policeman's Creek recht flach und breit, sodass sich die Three Sisters an windstillen Tagen darin spiegeln. Wer zum Sonnenaufgang hier ist, sieht sie außerdem im schönsten Alpenglühen erröten. Der Weg dahin ist kurz, aber steinig – mit Sandalen tut man sich hier keinen Gefallen. Vom Parkplatz aus überquert man die Straße und mit äußerster Vorsicht den Bahndamm. Danach steigt man in das in der Regel trockene Flussbett ab und folgt ihm geradeaus.

Das Flussbett macht schließlich eine Kurve nach links, ein Trampelpfad führt aber weiter geradeaus durch den Wald zum Ufer des Baches. Mit etwas Glück sieht man hier, vor allem kurz nach Sonnenaufgang oder vor dem Sonnenuntergang auch Biber, die am anderen Ufer einen Wohnbau angelegt haben.

Info

Lage: 71 Bow Valley Trail, Canmore, AB T1W 3E9, GPS: Three Sisters Viewpoint 51.072858, -115.337922

Anfahrt: Vom Parkplatz am Visitor Centre neben dem Highway 1 (2801 Bow Valley Trail) nach links auf den Bow Valley Trail abbiegen, ihm für 3,9 km folgen. Kurz vor der Auffahrt auf den Highway 1 befindet sich links ein Parkplatz auf Schotter an einem trockenen Flussbett. Er ist als Off Leash Dog Park (ein Ort, um Hunde ohne Leine laufen zu lassen) auf Google Maps gekennzeichnet.

Aktivitäten: fotografieren, *wildlife*

Unterkünfte:

- Große Auswahl an Hotels, Motels und Bed&Breakfasts in Canmore, tourismcanmore.com/accommodations
- Wapiti Campground, etwas laut, da zwischen Highway 1 und Bow Valley Trail gelegen, aber mit schöner Sicht auf die Berge und netten Betreibern, Zeltplätze im Wald mit Picknicktischen und Feuerschalen (Autos nicht direkt daneben) 27 CAD, Wohnmobilstellplätze mit Strom 37 CAD, Duschen 3 CAD, 100 Ray McBride Street, Canmore, AB T1W 0B1, Tel.: +1 403 678 9511, E-Mail: wapiticamp@gmail.com, wapiticamping.com
- Bow River Campground, Platz direkt am Bow River mit Blick auf Grotto Mountain, rund 7 km vom Zentrum entfernt, im Bow Valley Provincial Park am Highway 1, geöffnet vom 27. April bis 10. September, 7 *unserviced sites* 28 CAD, 59 Stellflächen mit Strom 40 CAD, Registrierung vor Ort, Highway 1, Canmore, AB T1W 3E9 (Ausfahrt Three Sisters Parkway/Bow River Campground), albertaparks.ca/parks/kananaskis/bow-valley-pp/information-facilities/camping/bow-river

Webseite: tourismcanmore.com

Hinweise:

- Da der Fotospot in einem Feuchtbiotop liegt, müssen Hunde unbedingt an der Leine gehalten werden.
- Bärenspray mitnehmen kann auch hier nicht schaden, vor allem zur Beerenzeit nähern sich die Tiere auch der Stadt.

21. Am Flussbett entlang im Grotto Canyon

Eiskaltes, klares Wasser, das durch bereits tief ausgewaschene Felsschluchten rauscht: So sieht man es an vielen Stellen in den Rockies, etwa im Mistaya Canyon oder im Maligne Canyon. Der Grotto Canyon bei Canmore ist anders: Im Sommer fließt nur ein schmaler Bach durch das Tal. Überraschungen bietet es trotzdem.

Canyon-Wanderungen in den Rockies sind äußerst beliebt – Favorit der Touristen ist eindeutig der Johnston Canyon nördlich von Banff. Dort stauen sich regelmäßig die Wanderer auf den Wegen und die Autos auf der Straße. Auch der Grotto Canyon in Kananaskis wird beliebter, das zeigt der neu ausgebaute Wanderparkplatz. Im Sommer 2018 blieb die Zahl der Wanderer dennoch überschaubar. Vor allem Familien zieht es hierher.

Die Grotto Falls

Die Wanderung ist kurz (hin und zurück rund 4,6 Kilometer), flach und so abwechslungsreich, dass auch Kinder ihren Spaß haben. Etwa zwei Stunden reichen für den Ausflug aus. Der Grotto Canyon kann wie viele andere im Winter und im Sommer begangen werden – entweder mit Klettereisen an den Schuhen über das Eis oder trockenen Fußes durch das steinige Bachbett. Über aktuelle Bedingungen, vor allem während der Schneeschmelze, informiert das Visitor Centre in Canmore (2801 Bow Valley Trail).

Der Weg beginnt wenig spektakulär: Die ersten 700 Meter folgt er Strommasten, bis er in der Nähe einer Magnesiumcarbonat-Verarbeitungsanlage nach rechts in den Wald abbiegt. Kurz darauf ist das breite Flussbett erreicht, die Geräusche der Fabrik ebben ab. Von einer Bank am Ufer genießt man einen herrlichen Blick über den Bow River auf den gefalteten Gipfel des Heart Mountain. Hier kann man in das Bachbett absteigen oder noch ein wenig auf dem Pfad am rechten Ufer bleiben, um einen leichteren Einstieg zu finden.

Auf rund 800 Metern Länge kann man dann am Boden des Canyons spazieren gehen. Das Schmelzwasser eines Gletschers hat ihn in tausenden Jahren ausgespült. Zurückgebliebben sind bis zu 60 Meter hohe Kalksteinwände. Kletterer trainieren häufig an einer der zahlreichen Routen daran. Je später der Sommer, desto eher wird ein Pfad erkennbar. Ansonsten gilt: Mit ordentlichem Schuhwerk von Stein zu Stein und ab und zu über den schmalen Bach steigen. Der Wald reicht bis hinunter ans Flussbett. Rund um den Creek fühlen sich Zirbelkiefer und Zwergahorn wohl, die in den Bergen sonst selten sind.

Im Flusstal oberhalb des Canyons

Schließlich macht der Weg eine sanfte Rechtskurve um einen Felsen, bevor er geradeaus auf eine hohe Wand zuläuft, an der Wasser hinuntertropft. Dort, an dieser Kurve, etwas verwittert, findet man auf Augenhöhe mehrere rote Zeichnungen. Sie wurden vor 500 bis 1300 Jahren mit Ocker angebracht und gelten als Indiz, dass Menschen aus dem Stamm der Hopi, ursprünglich im heutigen Arizona in den USA beheimatet, bis nach Kanada gelangt sind. Ihrer Legende nach wurden Mitglieder des Stammes in alle vier Himmelsrichtungen gesandt und einige wanderten bis in ein Land aus Eis und Fels. Auf ihren Reisen hinterließen die Hopi meist ein bestimmtes Symbol: Kokopelli, den Flötenspieler. Der Grotto Canyon

Die Felszeichnungen der Hopi

Im größten der Hoodoos gibt es sogar eine Höhle.

ist der nördlichste Ort, an dem es entdeckt wurde. Erst 2001 konnte der Flötenspieler mithilfe spezieller Fototechnik sichtbar gemacht werden. Mit bloßem Auge erkennt man jedenfalls mehrere Figuren.

Wenig später, am Fuß der steilen Wand, teilt sich der Weg: Ein kurzer Abstecher führt rechts zu einem Wasserfall, der über kleine Kaskaden hinabfließt. Linker Hand weitet sich der Canyon wenig später zu einem breiten Tal, am linken Ufer ragen Hoodoos in den Himmel. Hoodoos sind Gebilde aus weichen Sedimenten mit einer harten Gesteinsschicht obendrauf, aus denen die Erosion Türme formt. Der Rückweg führt über den selben Weg. Wer ein wenig Kraxelei über ein paar größere Steinbrocken nicht scheut, sollte bis zur Aussichtsbank im Bachbett bleiben: Kurz zuvor befinden sich die engsten Stellen im Canyon.

Info

Lage: Grotto Mountain Pond, Highway 1a, Bighorn No. 8, AB, GPS: Grotto Canyon Wanderparkplatz 51.065342, -115.203647

Anfahrt: Am südlichen Ortsrand von Canmore auf dem Trans-Canada Highway die Abfahrt zum Highway 1a (Bow Valley Trail) nehmen und ihm für 10,5 km folgen. Der ausgeschilderte und 2018 ausgebaute Wanderparkplatz befindet sich auf der linken Seite am Grotto Pond.

Eintritt: Nur für geführte Eistouren im Winter mit Discover Banff Tours, Kinder (8 bis 12 J.) 44 CAD, Jugendliche (ab 13 J.) und Erwachsene für 76 CAD, banfftours.com/activities/grotto-canyon

Aktivitäten: wandern, klettern, im Winter: wandern mit Schneeschuhen oder Klettereisen, Eisklettern

Unterkünfte: riesige Auswahl an Hotels, Motels und Campingplätzen in und um Canmore, z. B.

- Spring Creek RV Park am Policeman Creek, ganzjährig geöffnet, rund 1,5 km vom Stadtzentrum entfernt, *powered sites* ab 44 CAD (Zelten nicht erlaubt), 1 Spring Creek Gate, Canmore, AB T1W 0A7, Tel.: +1 403 678 5111, E-Mail: info@springcreekrv.ca, springcreekrv.ca

Webseite: travelalberta.com/de/listings/grotto-canyon-2002

Hinweise: Winterausrüstung wie Schneeschuhe oder Klettereisen, die um die Stiefel geschnallt werden, können in vielen Geschäften in Banff und Canmore ausgeliehen werden, u. a. bei

- Gear Up, 1302 Bow Valley Trail, Canmore, AB T1W 0A7, gearupsport.com/skates-and-snowshoes-rental-canmore

22. Roadtrip 1: Der Smith-Dorrien-Trail

Auf einer Fahrt durch das hochgelegene Spray Valley bei Canmore sieht man alles, was einen Ausflug in den Rockies ausmacht: glitzernde blaue Seen, spitze Berge und mit etwas Glück sogar *wildlife*. Wer mehr als ein paar Stunden Zeit hat, sollte hier oben übernachten.

Ein bisschen Staub und Gerüttel muss man schon aushalten, wenn man auf dem Smith-Dorrien-Trail unterwegs ist, und Handyempfang gibt es auch nicht. Dafür ein Gefühl von Wildnis, und das nur wenige Kilometer von Canmore entfernt. Die rund 60 Kilometer lange Schotterstraße zwischen der Stadt und den Seen im Peter Lougheed Provincial Park ist eine der zwei Hauptrouten durch Kananaskis oder K-Country, wie es die Kanadier nennen. Vergleichsweise schnell von Calgary erreichbar, mit unzähligen Wanderwegen und bildschönen Seen zum Schwimmen und Bootfahren ausgestattet, ist dieser Teil der Rockies der perfekte Outdoor-Spielplatz für die Großstädter und zugleich groß genug, damit jeder noch ein idyllisches Plätzchen finden kann.

Am Spray Lakes Reservoir

Aus Canmore kommend beginnt die Route mit einem steilen Abschnitt hinauf zum Whitemans Pass. Oben am gleichnamigen, künstlichen Teich angekommen, kann man vor dem Damm noch einmal einen Blick zurück ins Tal werfen. Am Hang neben der Straße sieht man häufig Dickhornschafe, die gerne das Salz von Felsen und von der Straße lecken. Offiziell liegt die Höchstgeschwindigkeit auf dem Trail bei 90 Stundenkilometern, aber das Beispiel zeigt, warum man langsamer fahren sollte – vor allem in den Morgen- und Abendstunden, wenn die Tiere besonders aktiv sind. Auch Elche, Kojoten und Bären kann man mit etwas Glück an der Straße oder am Seeufer erspähen. Zum Fotografieren sollte man im Auto bleiben und nur anhalten, wenn man damit keinen Stau verursacht.

Die Route führt weiter durch den Spray Valley Provincial Park, der erst 2001 gegründet wurde. Hier kommen Naturschutz und Energiegewinnung zusammen: Der Spray River wurde in dem hochgelegenen Tal zu einem riesigen, 26 Kilometer langen See angestaut. Über einen Kanal fließt das Wasser zum Whitemans Pond am Pass und dann steil hinab nach Canmore, wobei es Turbinen antreibt, die genug Strom erzeugen, um eine Stadt mit 100.000 Einwohnern zu versorgen.

Der See wurde angestaut.

Der nächste Stopp entlang der Straße ist der Parkplatz am Goat Creek. Hier beginnen die Wanderwege auf den Ha Ling Peak (siehe Seite 110) und entlang des Goat Creek, der im Tal zwischen der Bergkette des Mount Rundle im Osten und der Goat Range und Sulphur Mountain im Westen über fast 20 Kilometer bis nach Banff führt. Dort, wo er auf das Tal des Spray River trifft, wird er aber vom 15. April bis 15. November gesperrt, da es sich um ein wichtiges Tierschutzgebiet handelt. Im Winter ist die relativ flache Strecke bei Langläufern und Fat-Bikern beliebt.

Fünf Kilometer später erreicht die Straße den Goat Pond und nach weiteren vier Kilometern den Damm am Spray Lakes Reservoir. Bei niedrigem Wasserstand künden Baumstümpfe noch von der Zeit, bevor der Fluss angestaut wurde. Auf der anderen Seite des Dammes liegt ein wunderbarer Campingplatz: Viele der Stellflächen haben direkten Zugang zum Wasser und einen klasse Blick auf die Gipfel gegenüber, manche davon über 3100 Meter hoch. Da es hier oben keinen Strom und somit auch kein künstliches Licht gibt, ist die Sicht auf die Sterne nachts besonders gut. Zurück auf der Straßenseite des Stausees gibt es drei Picknickplätze. Mount Sparrowhawk am gleichnamigen Picknickplatz ist mit 3121 Metern Höhe der höchste Gipfel im Spray Valley Provincial Park.

Die Straße führt nun zunehmend weg vom Ufer des Reservoirs. Der nächste Park- und Picknickplatz ist am Buller Pond, einem Teich rechts von der Straße. An klaren Tagen ist dies einer der wenigen Punkte, von denen aus Mount Assiniboine zu sehen ist, allerdings nicht in seiner

Auf der Lichtung an der Mount Engadine Lodge

prägnanten Form, die ihm den Spitznamen „Matterhorn der Rockies" einbrachte (siehe Seite 114). Wenig später ist die Mount Engadine Lodge erreicht, das einzige Gasthaus entlang der Route. Der *afternoon tea*, das Drei-Gänge-Menu zum Abendessen und der Brunch am Sonntag können auch ohne Übernachtung reserviert werden. An der Lodge biegt eine kleine Straße zum Mount Shark-Parkplatz ab, wo es im Winter ein Netz von Langlaufstrecken verschiedener Schwierigkeitsgrade und im Sommer mehrere Wanderwege zur Auswahl gibt. Die Lodge selbst liegt an einer weitläufigen, feuchten Wiese, auf der man vor allem morgens und abends nach Elchen Ausschau halten sollte.

Der Smith-Dorrien-Trail erreicht südlich der Lodge den Peter Lougheed Provincial Park. Die folgenden 23 Kilometer verläuft er in einem Tal zwischen zahlreichen Dreitausendern auf beiden Seiten. Beliebte Wanderungen entlang dieses Abschnitts führen auf den Burstall Pass oder zum Chester Lake. Eine der kürzeren, familienfreundlichen Wanderungen ist der insgesamt 5,6 Kilometer lange Rundweg zum Warspite Lake und zurück zum Picknickplatz Black Prince an der Straße. Ein Flyer, den man auf der Webseite von Alberta Parks (zu finden als Black Prince Cirque Interpretive Trail Pamphlet) oder im Visitor Centre an den Kananaskis Lakes bekommen kann, erklärt an markierten Stellen einige Fakten zur Geologie, Geschichte, Flora und Fauna entlang des Weges (auf Englisch).

8,5 Kilometer weiter endet der Smith-Dorrien-Trail an der Kreuzung mit dem Kananaskis Lakes Trail. Hier hat man zwei Möglichkeiten: nach rechts weiter in den Peter Lougheed Provincial Park hineinfahren und Lower und Upper Kananaskis Lake erkunden (siehe Seite 120) oder linker Hand über den asphaltierten Highway 40 zurück nach Canmore fahren (siehe Seite 128). Natürlich ist die Route auch mit dem Highway 40 nach Süden über den Highwood Pass (siehe Seite 124) kombinierbar.

Info

Lage: Smith-Dorrien-Trail, Straße AB-742, Canmore, AB, GPS: Start 51.060678, -115.418897, Ende 50.698497, -115.115125

Anfahrt: In Canmore der Ausschilderung zum Nordic Centre folgen, aber am Reservoir nicht zum Nordic Centre abbiegen, sondern weiter um die Kurve fahren, um auf der Straße 742 zu bleiben, die zum Smith-Dorrien-Trail wird.

Aktivitäten: fotografieren, baden, Boot fahren, wandern, Rad fahren, Tierbeobachtung, Camping

Unterkünfte:

- Mount Engadine Lodge, urige, stilvolle und nachhaltig betriebene Berghütte auf einer weitläufigen Lichtung zu Füßen von Mount Engadine und Mount Shark, Vollverpflegung inklusive, Preise im Sommer: Zimmer im Gasthaus ab 550 CAD für 2 Personen, *cabins* ab 655 CAD, Glamping-Zelte ab 420 CAD, 1 Mount Shark Rd, Canmore, AB, Tel.: +1 587 807 0570, E-Mail: mountengadine@castleavery.ca, mountengadine.com
- Spray Lakes West Campground, idyllischer, weitläufiger Zeltplatz am Westufer des Spray Lakes Reservoir, 50 Stellplätze für Zelte und Wohnmobile, manche direkt am Ufer, kein Strom, nur Plumpsklos, Platzwart verkauft Feuerholz, geöffnet vom 16. Mai bis 16. September, Registrierung vor Ort, 26 CAD, West Side Road, Kananaskis, AB, albertaparks.ca/parks/kananaskis/spray-valley-pp/information-facilities/camping/spray-lakes-west

Webseiten:

- albertaparks.ca/parks/kananaskis/spray-valley-pp
- albertaparks.ca/parks/kananaskis/peter-lougheed-pp

Hinweise: Ab dem Stadtrand von Canmore ist der Smith-Dorrien-Trail nicht mehr asphaltiert, wird aber regelmäßig in Schuss gehalten. Da es ein nummerierter Highway ist, sollte es auch mit Mietwagenfirmen keine Probleme geben. Aktuelle Straßenbedingungen: 511.alberta.ca

23. Auf dem Ha Ling Peak: Gipfelglück bei Canmore

Auf einem Gipfel der Rockies zu stehen, ist eine reizvolle Herausforderung. Ohne Hochgebirgserfahrung ist das natürlich kein Spaziergang. Dieser Aufstieg gilt aber als einer der einfacheren – und Alberta Parks arbeitet daran, ihn sicherer und angenehmer zu machen.

Der Name des Berges, der prominent über Canmore trohnt, hat eine spannende Geschichte: Ha Ling war einst Koch bei der Canadian Pacific Railway. 1896 nahm er eine Wette um 50 Dollar an, dass er es schafft, den Gipfel in weniger als zehn Stunden zu besteigen. Er brach früh auf und war mittags zurück. Aber niemand glaubte ihm, und die Flagge, die er oben angebracht hatte, war vom Tal aus nicht zu sehen. Also bestieg er den Gipfel ein zweites Mal in Begleitung. Die Einwohner waren beeindruckt und nannten den Berg Chinaman's Peak. Erst in den 1990er-Jahren erhielt er seinen heutigen Namen, nachdem sich viele dafür eingesetzt hatten, die schon im 19. Jahrhundert herabwürdigende Bezeichnung endlich loszuwerden und Ha Ling zu ehren.

Der Aufstieg ist nur 2,7 Kilometer lang, aber davon sollte man sich nicht täuschen lassen: 810 Höhenmeter gilt es zu überwinden, bevor man auf dem 2474 Meter hohen Ha Ling Peak stehen kann. Vor allem im Sommer ist das eine schweißtreibende Herausforderung, aber eine, die sich lohnt. Die Aussicht hinab ins Bow Valley und auf die Gipfel ringsum ist fantastisch. Im Vergleich zu anderen Gipfeltouren ist auch nur ein kurzer Abschnitt in Geröll zurückzulegen.

Der Weg beginnt steil im Wald.

Für alle anderen Kraxel-Touren ist es empfehlenswert, einen Guide anzuheuern oder, wenn man bereits Bergerfahrung hat, sich das Buch „Scrambles in the Canadian Rockies“ von Alan Kane zu besorgen (die Bibliotheken in Canmore und Banff haben es vorrätig). Jedes Jahr müssen Wanderer, die von der Route abgekommen

Blick zum Nachbargipfel, dem Miner's Peak

sind oder sich überschätzt haben, aus den Bergen gerettet werden – wenn nicht Schlimmeres passiert. Das im Hinterkopf zu haben und im Zweifel umzukehren, ist bei Touren im Hochgebirge keine Schande, im Gegenteil.

Die Halbtageswanderung beginnt am Goat Creek-Parkplatz zu Füßen des Mount Rundle. Auf der anderen Seite der Straße führt ein breiter Schotterweg einen Hügel hinauf und über eine Brücke auf einen Platz. Eine Gedenktafel markiert dort die Stelle, wo der Weg in den Wald eintritt. Ab nun schraubt er sich größtenteils in Serpentinen nach oben. Gelegentlich wird man mit einem Blick durch die Bäume zurück ins Tal, auf den Goatview Peak und das östliche Ende der Rundle-Bergkette belohnt.

Am Gipfel auf 2474 Metern

Kurz bevor man die Baumgrenze erreicht, wird der Weg steiler und gerölliger. Schließlich macht er an der letzten Baumgruppe eine Linkskurve. Ab jetzt bewegt man sich auf Gestein und Geröll, zunächst hoch auf den Bergkamm zwischen Ha Ling Peak zur linken und Miners Peak zur rechten Seite. Der Weg folgt der Kante in sicherem Abstand, danach geht es noch einmal steil hinauf – bislang war hier etwas Routenfindung nötig – dann ist der Gipfel erreicht und es öffnet sich der Blick hinab auf Canmore und hinüber zu Grotto Mountain und Mount Lady MacDonald.

Seit 2018 arbeitet Alberta Parks daran, den Weg sicherer zu machen. Im Herbst wurden die Bauarbeiten witterungsbedingt unterbrochen – wann sie abgeschlossen sein werden, war noch unklar. Solange ist der Weg geschlossen. Danach soll er besser gekennzeichnet und die richtige Route eindeutig zu finden sein. Nebenrouten werden stillgelegt. Andere Abschnitte müssen verlegt werden, etwa um ökologisch sensible Bereiche

Die Aussicht zurück auf Canmore und das Bow Valley

zu schonen, erklärt das Presseteam. Nötig geworden seien die Bauarbeiten, weil zuletzt die Zahl der Wanderer angestiegen war. Zusammen mit der natürlichen Erosion habe das dem Weg ziemlich zugesetzt. Sollte er noch gesperrt sein, empfiehlt Alberta Parks unter +1 403 678 0760 die Kananaskis-Info-Hotline anzurufen oder eines der Visitor Centres aufzusuchen, um nach Alternativen zu fragen.

Info

Lage: Straße AB-742, Canmore, AB T1W 2T6; GPS: Ha Ling Peak-Wanderparkplatz 51.062161, -115.418256

Anfahrt: Insgesamt 11,6 km vom Visitor Centre am Highway 1 in Canmore (2801 Bow Valley Trail) aus. Vom Parkplatz dort nach links auf den Bow Valley Trail abbiegen. Nach 1,2 km an der 17th Street links abbiegen und gleich nach der Bahnlinie rechts halten. An der zweiten Kreuzung links in die 9th Avenue abbiegen. Auf der Straße am Zentrum vorbeifahren, dann rechts in die Bridge Road abbiegen und den Bow River queren. Auf dem anderen Ufer links hoch auf den Rundle Drive fahren, an der T-Kreuzung links auf den Three Sisters Drive abbiegen. Der Ausschilderung Nordic Centre rechts um die Kurve folgen. Damit ist man bereits auf der Straße 742, die hinauf zum Parkplatz führt. Nach der Stadtgrenze ist sie nicht mehr geteert, abgesehen von ein paar größeren Steinen aber in der Regel in einem guten Zustand. 5,3 km nach dem Abzweig zum Nordic Centre erreicht man den Wanderparkplatz.

Aktivitäten: wandern, kraxeln, klettern

Unterkünfte: Zahlreiche Hotels, Resorts und Bed&Breakfasts in Canmore sowie viele Campingplätze, tourismcanmore.com/accommodations/featured-accommodations, siehe auch Seite 101 und Seite 105

Webseiten:

- tourismcanmore.com/profiles/things-to-do/ha-ling-peak
- albertaparks.ca/parks/kananaskis/kananaskis-country/advisories-public-safety/trail-reports/canmore-and-area zum aktuellen Zustand des Weges

Hinweise:

- Trittsicherheit und Schwindelfreiheit sind erforderlich.
- Wanderstöcke sind empfehlenswert und in Outdoorläden in Canmore ausleihbar.
- Wie überall im Gebirge: Keine Steine vom Gipfel werfen – auf der anderen Seite könnten sich Kletterer befinden.

24. Im Park des kanadischen Matterhorns

Er grenzt an den Banff National Park und an Kananaskis, aber es führt keine Straße hinein: Wer den Mount Assiniboine Provincial Park erkunden will, muss sich von seinen Füßen oder einem Helikopter tragen lassen.

Einem norwegischen Skilehrer ist es zu verdanken, dass Besucher im Mount Assiniboine Provincial Park eine traditionelle Ski-Lodge vorfinden: Erling Strom erreichte den nur sechs Jahre zuvor gegründeten Park im Winter 1928 gemeinsam mit dem italienischen Adligen Marquis degli Albizzi und vier Gästen auf Skiern. Sie blieben für 17 Tage in einfachen Hütten. Strom war so begeistert von der Landschaft, dass er sich vorstellen konnte, sein Leben hier zu verbringen. Auch der Marquis sah das Potenzial und überzeugte die Canadian Pacific Railway, eine Ferienanlage für noble Touristen zu errichten. Noch im selben Jahr wurde die Mount Assiniboine Lodge erbaut. Strom und seine Familie blieben und verwalteten die Lodge für 50 Jahre. So erzählen die heutigen Betreiber die Geschichte der ältesten Skihütte im Hinterland der Rockies.

Mount Assiniboine, 3618 Meter

Heute gehören die Lodge samt *cabins* und auch nach wie vor einfache Hütten zu BC Parks, der Behörde, die sich in British Columbia um Provincial Parks und Naturschutzgebiete kümmert. Campingplätze und Helikopterservice für Passagiere und/oder Gepäck runden das Angebot ab. Die Besucher kommen vor allem, um das Matterhorn der Rockies zu sehen: Mount Assiniboine, 3618 Meter hoch und bekannt für seine prägnante Pyramidenform. Ein fotogener Berg, der aber nur von wenigen Punkten außerhalb des Parks gesichtet werden kann, wenn man kein Bergsteiger ist – an klaren Tagen zum Beispiel vom Standish Viewpoint oder etwas näher vom Citadel Pass an den Sunshine Meadows, den Bergwiesen im Sunshine-Skigebiet bei Banff, oder am mit dem eigenen Fahrzeug erreichbaren Buller Pond am Smith Dorrien Trail in Kananaskis, von wo er sich

Das Ziel: Lake Magog

aber nicht in seiner Pyramidenform zeigt und somit viele Touristen an der Nase herumführt (auch die Autorin hat ihn nicht erkannt).

Um also Mount Assiniboine, die umliegenden Gipfel, die Seen zu seinen Füßen und das saftig-grüne Tal ringsum zu sehen, muss man hinein in den Provincial Park, zum Lake Magog. Derzeit ist das über drei Routen möglich: Eine führt vom Sunshine Village bei Banff über den Citadel Pass, durch das „Tal der Felsen" und vorbei am Og Lake über 30 Kilometer zum Ziel (400 Höhenmeter im Aufstieg). Zwei Wege beginnen am Mount Shark Trailhead in Kananaskis und lassen sich zu einer Runde verbinden. Selbst in der Hochsaison trifft man hier außer auf den Zeltplätzen nur vereinzelt auf Wanderer, hat man einmal das bei Mountainbikern beliebte Wegenetz kurz nach dem Parkplatz hinter sich gelassen. Der Hinweg führt am Bryant Creek entlang und über den Assiniboine Pass, auf 27,5 Kilometern sind 460 Höhenmeter zu überwinden. Zum Rückweg eignet sich der Weg über den Wonder Pass hinab zum Marvel Lake und zurück zum Bryant Creek – aufgrund der fantastischen Aussicht, aber auch, weil in dieser Richtung auf 26,1 Kilometern nur 205 Höhenmeter im Aufstieg bewältigt werden müssen, aber 580 im Abstieg.

Wiesenquerung oberhalb vom Marvel Lake

Vom Nublet hat man im Sonnenuntergang die schönste Sicht auf das kanadische Matterhorn.

Wanderer erwartet auf dieser Tour verschiedenes Terrain: breite Forstwege ebenso wie schmale Zickzack-Pfade an den Berghängen sowie gelegentlich durch Lawinen entstandene Geröllhügel, die zu queren sind. Flüsse und Bäche sind mit Brücken versehen. Nadelwald wechselt sich mit offenen Wiesen und moosbewachsenen Felshängen und -kämmen ab, die Rundum-Blicke ermöglichen. Im Tal zu den Füßen Assiniboines wachsen auch Lärchen, die sich im September gelb färben, hunderte Arten von Bergblumen und Sträuchern, darunter die bei Bären beliebten, roten *buffalo berries*. Schwarz- und Grizzlybären leben im Park, weshalb einige Sicherheitsregeln (alle Nahrungsmittel und Duftstoffe gehören in Bärenboxen oder müssen an Vorrichtungen aufgehängt werden, Bärenspray tragen, mit Krach auf sich aufmerksam machen)

Bärenwarnung am Start

einzuhalten sind. Auch andere große (Wapitis, Rehe, Bergziegen, Dickhornschafe) und kleine (Erdhörnchen, Pikas, Murmeltiere) Säugetiere bevölkern die Wiesen, Wälder und Felsen. Am Himmel kreisen Adler, aber auch 92 andere Vogelarten wurden laut BC Parks gesichtet.

Wer den weiten Weg auf sich genommen hat, kommt aber vor allem wegen der Szenerie, dem tiefblauen Lake Magog, hinter dem Mount Assiniboine aufragt. Zwischen Lodge und Zeltplatz, in der feuchten Wiese, über die zum Teil Holzplanken führen, liegen am Wegesrand zwei kleine Teiche, in denen sich die Berge spiegeln. Die wohl beeindruckendste Sicht aber bieten Niblet und das höher gelegene Nublet: felsige Bergkämme unterhalb des Nub Peak – der ebenfalls erkraxelt werden kann. Von dort blickt man auf Cerulean Lake und Sunburst Lake am gleichnamigen Berg hinab und auf die zahlreichen Gipfel ringsum. Das Nublet liegt auf einem rund zweistündigen Rundweg, der von der Lodge oder vom Zeltplatz begonnen werden kann. Der vergleichsweise kurze, steile Aufstieg empfiehlt sich vor allem vor Sonnenauf- oder -untergang. Ein Weg führt vom Campingplatz an den Seen Sunburst, Cerulean und Elizabeth vorbei und steigt dann steil

Die historische Assiniboine Lodge

zum Felskamm auf. Ein anderer führt sanfter ansteigend von der Lodge auf geradem Weg hinauf. Verbringt man mehr als eine Nacht im Provincial Park, kann man in Halbtages- oder Tagestouren auch noch zum Og Lake oder zur Windy Ridge aufbrechen.

Je nach eigener Fitness ist es empfehlenswert, je eine Übernachtung auf dem Weg in den Park und zurück einzuplanen, um nach der Ankunft noch Zeit und Kraft für den Abstecher zum Nublet zu haben. Ideal sind zwei Übernachtungen am Lake Magog. Zu beachten ist bei der Planung, dass es im Provincial Park keine Läden, kein Trinkwasser und auch keinen Handyempfang gibt. Sämtliche Vorräte müssen also mitgebracht werden, es sei denn, man übernachtet in der Lodge – die Gäste genießen Vollverpflegung. Filter oder Tabletten zur Wasseraufbereitung werden empfohlen. Am Lake Magog sollte das Wasser aus den Leitungen abgekocht werden. Die Zeltplätze auf den Hin- und Rückwegen sind sehr einfach: Wasser entnimmt man den Bächen, Herzhäuschen über Gruben dienen als Toilette, Holzplattformen zum Kochen (aus Sicherheitsgründen rund 100 Meter abseits der Zelte) und zwischen zwei Stämmen werden die Vorräte an Drahtseilen hinaufgezogen. Am Lake Magog gibt es zusätzlich eine große überdachte Picknickhütte. Alternativ kann auf dem Hin- und Rückweg im Bryant Creek Shelter, einer einfachen Wanderhütte, übernachtet werden. Trekking-Ausrüstung kann man übrigens in Outdoor-Geschäften in Banff oder Canmore ausleihen.

Tipp: Zwischen 16 und 17 Uhr (Stand 2018) steht die Lodge auch für Camper zum Flüge buchen, Fragen stellen und vor allem zum Nachmittagstee (Bargeld mitbringen) offen. Es lohnt sich, zu einem kalten Bier auf der Terrasse vorbeizuschauen.

Info

Lage: Ausgangspunkt sind Mount Shark Road, Canmore, AB T1W 0B9, oder 1 Sunshine Access Road, Banff, AB T1L 1J5, GPS: Mount Assiniboine Provincial Park Lodge 50.910194, -115.619961

Anfahrt:

- Zum Mount Shark Parkplatz: In Canmore den Schildern Richtung Nordic Centre folgen, auf der Spray Lakes Road bleiben, die zum nicht asphaltierten Smith Dorrien Trail wird (auf nummerierten Highways behalten auch Mietwagen ihren Versicherungsschutz). Vor der Mount Engadine Lodge rechts abbiegen, 5 km weiter endet die Piste auf einem Parkplatz. Strecke: 44 km. Alternative: Shuttledienst von White Mountain Adventures von/nach Banff (90 CAD) oder Canmore (75 CAD).
- Zum Sunshine Trailhead: Von Banff 8 km auf dem Highway 1 nach Westen fahren (zwischen Ende Juni und Anfang September kostenloser Shuttle), dann mit Bus oder Gondola (35 bzw. 42 CAD) hinauf zum Sunshine Village bringen lassen.

Aktivitäten: wandern, klettern, reiten, im Winter Langlauf

Ausrüstung mieten:

- Rent a Tent, Canmore, rent-a-tent-canada.com
- Bactrax/Snowtips – Camping Gear Rentals, Banff, campingbanff.com

Unterkünfte:

- Wildnis-Zeltplätze im Banff National Park (9,80 CAD pro Person, im Bryant Creek Shelter 16,60 CAD), ab 1. März buchbar auf reservation.pc.gc.ca (unter Punkt 5 Zugang via Sunshine oder Wonder Pass wählen)
- Zeltplätze im Provincial Park (10 CAD pro Person) für die Hauptsaison (26. Juni bis 30. September) müssen reserviert werden, Tel. +1 519 826 6850, discovercamping.ca
- Assiniboine Lodge, historisches Holzhaus am Lake Magog, mit *cabins* und Zimmern in der Lodge mit Vollverpflegung (ab 335 CAD) sowie einfachen Wanderhütten für Selbstversorger, den Naiset Huts (25 CAD pro Person), Tel.: +1 403 678 2883, E-Mail: info@assiniboinelodge.com, assiniboinelodge.com

Webseite: www.env.gov.bc.ca/bcparks/explore/parkpgs/mt_assiniboine

Hinweis:

- Der Zugang über den Simpson River Trail ist bei einem Waldbrand 2017 beschädigt worden und bis auf Weiteres gesperrt.
- Wanderkarten, Bärenspray und aktuelle Auskünfte zum Zustand von Wegen und Zeltplätzen gibt es im Nationalparkzentrum in Banff (224 Banff Avenue).

25. An den Seen im Peter Lougheed Provincial Park

Lower und Upper Kananaskis Lake gehören zum Schönsten, was K-Country zu bieten hat. Der abgelegene Park ist nicht nur zum Wandern und Zelten ideal – die Chancen, Grizzlybären zu sehen, stehen auch besonders gut.

Der 1977 gegründete Peter Lougheed Provincial Park – ein weiteres Puzzleteil von Kananaskis – ist mit rund 500 Quadratkilometern Fläche eines der größten Naturschutzgebiete Albertas. Er wurde damals mit dem Ziel geschaffen, der Überbeanspruchung der Nationalparks entgegenzuwirken und die Seen, Bäche, Flüsse und Gletscher entlang der Great Divide unter Schutz zu stellen. Der Park ist an den Sommerwochenenden zwar ein beliebtes Ausflugsziel für die Einwohner von Calgary, da er keine 130 Kilometer entfernt liegt, aber unter der Woche noch immer ein vergleichsweise ruhiges Fleckchen. Meistens bekommt man noch einen der zahlreichen Campingplätze selbst ohne Reservierung, vor allem, wenn man es um die Mittagszeit versucht. Restaurants und Hotels sucht man vergebens, ein Laden und ein Imbiss sind alles, was man hier findet.

Abendlicht am Rawson Lake

Dafür liegen hier zwei fotogene, große Seen, an deren Ufern sich die Spaziergänger gut verteilen. Am kleineren, nahezu runden Upper Kananaskis Lake und am schmalen Lower Kananaskis Lake kann man an vielen Stellen ein Boot ins Wasser lassen (das man am Boulton Creek Trading Post ausleihen kann), picknicken und auch (sonnen-)baden. Der Upper Lake lässt sich sogar komplett zu Fuß umrunden: Für den 16,2 Kilometer langen, aber relativ flachen Weg sollte man um die vier bis fünf Stunden einplanen. Von ihm aus genießt man immer wieder andere Ausblicke auf den See und die rund 3000 Meter hohen, zum Teil gletscherbedeckten Berge ringsum.

Wasserfall am Sarrail Creek

Einen kleinen Teil des Rundwegs lernt man auf der Halbtagswanderung zum Rawson Lake zu Füßen des Mount Sarrail (3170 m) kennen. Der hübsche, tiefblaue See liegt in einer Vertiefung, die einst Gletscher ausgeschliffen haben. Selbst an Tagen, an denen viel Betrieb herrscht, findet man an seinem Ufer einen ruhigen Platz, um die Aussicht auf die beeindruckende Felswand dahinter zu genießen. Dazu parkt man an der Upper Lake Day Use Area und läuft am Seeufer nach links, bis man auf den Rundweg trifft. Auf diesem erreicht man nach angenehmen 1,1 Kilometern auf einem breiten Waldweg den kaskadenreichen Wasserfall am Sarrail Creek. Kurz darauf biegt ein schmalerer Weg links zum Rawson Lake ab. Den Großteil der 300 Höhenmeter gilt es auf den nächsten 1,5 Kilometern zu überwinden. Danach geht es noch 800 Meter lang flacher durch den Wald und auf Holzbalken durch Feuchtgebiete, bis das Ufer erreicht ist. Ein Pfad auf der linken Uferseite führt noch ein Stück um den See herum. Der Aufstieg auf den Bergkamm zur rechten Seite ist aber nur etwas für erfahrene Bergsteiger – er ist sehr steil und bietet auf porösem Untergrund wenig Halt.

Neben den weiteren Wanderungen auf insgesamt über hundert Kilometern ausgebauten Wegen ist auch das Peter Lougheed Discovery Centre ein Highlight: Nicht nur wegen der zum Teil interaktiven Ausstellung, sondern auch wegen der Chance, direkt am Visitor Centre *wildlife* zu sehen. Es liegt an einer Waldlichtung, die mit ihren Sträuchern, Gräsern und Wurzeln ein gutes Nahrungsangebot für Grizzlybären bietet. Im Sommer 2018 konnte man hier wochenlang eine Bärin und ihre zwei Jungen beim Fressen beobachten. Die Ranger versuchen sogar, die Bären auf die Wiese zu treiben, damit sie den für sie gefährlichen Straßen fernbleiben und vor dem Winterschlaf genug Nahrung finden. Sie wissen in der Regel, wo sich die Grizzlys im Park bewegen und geben gerne Auskunft über ihre Aufgaben als Ranger und über die Tiere. Sogar ein Fernrohr zur Beobachtung steht auf der Aussichtsterrasse bereit.

Paradies für Picknick und Wassersport: der Upper Kananaskis Lake

Info

Lage: Peter Lougheed Discovery Centre, Kananaskis Lakes Trail, Kananaskis, AB T0L 2H0, GPS: Visitor Centre 50.686222, -115.113172

Anfahrt: Von Canmore aus über zwei Routen – den Smith-Dorrien-Trail (Schotterstraße, siehe Seite 106) oder Highway 1 und Highway 40 (siehe Seite 128). Dazu auf dem Highway 1 Richtung Calgary fahren, nach 28 km am Stoney Nakoda Resort rechts auf den Highway 40 abbiegen und ihm für 50 km folgen. Vor der Schranke rechts auf den Kananaskis Lakes Trail abbiegen. Die Besucherinformation, das Peter Lougheed Discovery Centre, liegt 3,5 km weiter auf der linken Seite.

Öffnungszeiten: Das Visitor Centre ist in der Regel täglich 9:30 bis 16:30 Uhr geöffnet. Vom 1. Juli bis 4. September ist es zusätzlich freitags bis sonntags bis 17:30 Uhr offen. Nur vom 9. Oktober bis 15. November bleibt es geschlossen.

Aktivitäten: wandern, Rad fahren (12 km asphaltiert, weitere Routen stehen für Mountainbiker zur Verfügung), angeln in den Kananaskis Lakes (Lizenz nötig), im Winter Langlauf auf 85 km präparierten Pisten, Ausstellung im Discovery Centre zu Flora, Fauna und Geologie

Ausrüstung mieten im Park: kananaskiscountrycampgrounds.com/boultonrental.pdf

Unterkünfte:

- Interlakes Campground, 48 Stellplätze mit Picknicktischen und Feuerstellen am Ufer des Lower Kananaskis Lake, kein Strom, nur Plumpsklos, für Wohnmobile und Zelte geeignet (aber harter Untergrund), geöffnet vom 16. Mai bis 8. Oktober, Registrierung vor Ort, 26 CAD, Tel.: +1 403 591 7226, albertaparks.ca/parks/kananaskis/peter-lougheed-pp/information-facilities/camping/interlakes/
- Viele weitere Campingplätze, die mit dem Auto oder zu Fuß im *backcountry* erreichbar sind. Der Elkwood Campground und der Boulton Creek Campground liegen im Wald weiter weg vom Wasser, sind aber reservierbar und haben auch Stellplätze mit Strom- und Wasseranschluss für 40 CAD, reserve.albertaparks.ca/campground/40-Elkwood und reserve.albertaparks.ca/campground/9-BoultonCreek

Webseite: albertaparks.ca/parks/kananaskis/peter-lougheed-pp

Hinweise:

- Bärenspray ist auf allen Wanderungen mitzunehmen.
- Das Visior Centre hat eine gute Auswahl an Karten (auch kostenlose), einen gemütlichen Aufenthaltsbereich mit Wifi, und die Mitarbeiter geben gerne Tipps für Ausflüge.
- Der Canyon Interpretive Trail am gleichnamigen Campingplatz ist nach Flutschäden bis auf Weiteres geschlossen.
- Am Boulton Creek Campground gibt es einen kleinen Laden, den Boulton Creek Trading Post, der Campingequipment, Feuerholz, Snacks, Kaffee, Souvenirs und ein paar Grundnahrungsmittel verkauft. Dort bekommt man auch die Marken für das Duschgebäude am Zeltplatz (2 CAD für 5 Minuten).

26. Die Wildblumen am Highwood Pass

Kein Pass in den kanadischen Rockies ist so hoch gelegen wie dieser. Dennoch ist die Route darüber keine Serpentinenstraße, wie man es von den Alpen kennt. Statt Aussicht ins Tal, sind es Flora und Fauna, die einen Ausflug lohnenswert machen.

Wer vor dem 15. Juni auf dem Highway 40 durch Kananaskis nach Süden fahren will, wird im Peter Lougheed Provincial Park (siehe Seite 120) plötzlich vor einer Schranke stehen – selbst wenn die Straße schon schnee- und eisfrei ist. Denn dass der Highwood Pass jedes Jahr vom 1. Dezember bis zum nächsten Sommer gesperrt wird, hat andere Gründe: Er liegt in einem wichtigen Wanderkorridor und Lebensraum der hiesigen Tierwelt, unter anderem für Dickhornschafe und Bergziegen. Alberta Parks hat deswegen festgelegt, dass es in dem Gebiet keine weiteren Bauwerke oder neue Wanderwege geben wird. Eine gesunde,

Holzplanken schützen die Bergwiesen am Pass.

beständige Grizzly-Population aufzubauen, gehört zu den Hauptzielen des Schutzprogramms. Das bedeutet für Reisende, aufmerksam zu fahren, um Zusammenstöße mit Tieren an der Straße zu vermeiden, aber auch, dass man vor allem im Frühsommer, wenn der Löwenzahn blüht, hier oben mit etwas Glück einen Blick auf die pelzigen Vierbeiner erhaschen kann.

Der Highwood Pass selbst ist einer der Superlative: Er ist der höchste Punkt in ganz Kanada, über den eine Straße führt, und der einzige Pass knapp unterhalb der Baumgrenze. Mit 2206 Metern über Normalnull ist er mehr als hundert Meter höher als die beiden Pässe auf dem Icefields Parkway, die wesentlich steiler sind: der Bow Pass (2088 m) und der Sunwapta Pass (2030 m). Es ist kaum irgendwo so einfach, mit dem Auto alpines Terrain zu erreichen – ohne Lift und lange Wanderung. Von Norden kommend kennzeichnet ein unspektakuläres Schild den höchsten Punkt. Eine Möglichkeit zum Anhalten liegt 450 Meter weiter auf der rechten Seite des Highways.

Von dort aus lassen sich die Bergwiesen auf zwei befestigten Wegen erkunden: Der Highwood Meadows Trail am nördlichen Ende des Parkplatzes ist nur 600 Meter lang, dafür ist er rollstuhlgerecht und bringt einen auf Holzplanken mitten durch die blühende Landschaft zu einer Plattform mit Blick auf eine weitere Lichtung zu Füßen der Elk Range. Schilder erklären die Besonderheiten des Biotops auf Englisch. Gerade für Familien ist das ein einfacher, kurzweiliger Spaziergang, und das ein oder andere Erdhörnchen wird man auf den Wiesen auch sehen oder ihr Pfeifen hören.

Pinkfarbenes Fireweed

Wer mehr Zeit hat, biegt auf dem Highwood Meadows Trail bereits nach 400 Metern rechts ab, quert den Highway knapp unterhalb des höchsten Punkts und wandert hinauf zur Ptarmigan Cirque. Das ist ein Bergkessel unterhalb des Mount Rae (3218 m). Die Wanderung ist insgesamt nur 3,6 Kilometer lang, führt aber 210 Meter höher. Was den Aufstieg lohnenswert macht, sind die weiteren Wiesen, die der Weg quert, die Kalksteinwände und Geröllhänge rings um den Bergkessel am Ziel und die Möglichkeit, unterwegs Bergziegen und Pikas zu sehen. Zu den Blumen, die man hier oben im Frühsommer sehen kann, gehören Großblütiger Hundszahn, Rittersporn, herzblättrige Arnika, Berufkräuter (die Blüten erinnern an Gänseblümchen) und Indianerpinsel.

Nach der Straßenquerung geht es zunächst durch den restlichen, subalpinen Wald bergauf. Nach 1,1 Kilometern teilt sich der Weg. Links erreicht man wenig später die Baumgrenze und ab Kilometer 1,5 die Bergwiesen. 300 Meter später ist die Ptarmigan Cirque erreicht. Der Weg führt im Uhrzeigersinn zurück an den Wiesen vorbei. Bevor es wieder in den Wald und zurück zur Wegkreuzung geht, bekommt man noch einen Ausblick auf den Mount Tyrwhitt (2874 m) auf der anderen Seite des Passes und hinein in eine ausgewaschene Schlucht. Anderthalb bis zwei Stunden sollte man für den Rundweg einplanen.

Info

Lage: Highway 40, Kananaskis, AB T0L 2A0, knapp 98 km von Canmore, 141 km von Calgary und 150 km vom Crowsnest Pass entfernt, GPS: Highwood Pass-Parkplatz 50.595931, -114.985364

Anfahrt:

- Von Canmore auf den Highway 1 Richtung Calgary fahren, nach 28 km am Stoney Nakoda Resort rechts abbiegen. Dem Highway 40 für 67 km nach Süden folgen.
- Vom Crowsnest Pass im Süden Albertas aus: Im Ortsteil Coleman vom Highway 3 links auf den Highway 40-N abbiegen, der zum Highway 940 wird (insgesamt 73 km Schotterpiste!), danach links auf den Highway 40 abbiegen und ihm für weitere 37 km folgen. Oder von Coleman aus noch 25 km bis Lundbreck auf dem Highway 3 bleiben, kurz vor dem Ort links auf die Straße 22 (Cowboy Trail) abbiegen. Nach 111 km in Longview links auf den Highway 541 abbiegen, von hier sind es noch 80 km bis zum Ziel.

Öffnungszeiten: Der Highway 40 über den Highwood Pass ist nur vom 15. Juni bis 30. November geöffnet. Der Abschnitt vom Highway 1 bis zur Kreuzung mit dem Kananaskis Lakes Trail ist davon nicht betroffen.

Aktivitäten: wandern, fotografieren

Unterkünfte: In der Pass-Region selbst gibt es keine Möglichkeit zum Übernachten. Hotels findet man 48 km nördlich in Kananaskis Village. Die nächsten Campingplätze gibt es an den Kananaskis Lakes (siehe Seite 123) oder rund 44 km südlich an der nicht asphaltierten Straße 940, die von Dezember bis Mai geschlossen ist, z. B.

- Etherington Creek Campground, einfacher Waldzeltplatz für Zelte und Wohnmobile mit 61 Stellflächen, ohne Strom, nur Plumpsklos, geöffnet vom 16. Mai bis 16. September, 26 CAD, Range Road 53A, Longview, AB T0L 1H0, Tel.: +1 403 591 7226, albertaparks.ca/parks/kananaskis/etherington-creek-pra/information-facilities/camping/etherington-creek

Webseiten:

- albertaparks.ca/parks/kananaskis/kananaskis-country/advisories-public-safety/trail-reports/peter-lougheed/highwood-meadows
- Flyer für die Wanderung zur Ptarmigan Cirque: albertaparks.ca/media/125782/peter-lougheed-pp-ptarmigan-cirque-trail-interpretive-pamphlet.pdf

Hinweis:

- Bärenspray mitnehmen.
- Zum Schutz der Wiesen unbedingt auf den Wegen bleiben.

27. Roadtrip 2: Auf dem Highway 40 zurück nach Canmore

Der sogenannte Kananaskis Trail führt vom Smith-Dorrien-Trail und den Kananaskis Lakes zurück nach Norden. Er ist zwar komplett asphaltiert, aber das tut seinem wilden Charme keinen Abbruch.

Am Grizzly Creek geht der Blick nach Süden bis zur Elk Range.

Eine breite, gut ausgebaute Straße, unzählige Wanderwege an ihrem Verlauf, idyllische Picknickplätze an Teichen und Seen, darüber die zahlreichen Gipfel der *front ranges* der Rocky Mountains – braucht es mehr für einen Roadtrip, den man nicht vergisst? Der Highway 40, der dem Tal des Kananaskis Rivers von Süden nach Norden folgt, wo der Fluss in den Bow River mündet, ist schon auf der bloßen Durchfahrt ein Highlight. Es lohnt sich aber, die Panoramastraße hin und wieder zu verlassen. Die Entfernungsangaben der folgenden Empfehlungen beziehen sich auf den südlichen Start des Kananaskis Trails. Vom Highwood Pass (siehe Seite 124) kommend ist das die Kreuzung mit dem Kananaskis Lakes Trail.

Kilometer 5,3: Am Grizzly Creek-Parkplatz auf der rechten Seite hat jemand eine Bank an genau die richtige Stelle gesetzt. Wer hier Platz nimmt, bekommt einen tollen Ausblick zurück nach Süden, wo sich das Tal weitet, die steilen Hänge links und rechts der Straße sowie die Elk Range am Horizont.

Eine Inschrift besagt: „Make it a great day" (Mach den Tag zu etwas Großartigem) und das ist, umgeben von so viel Schönheit, wirklich nicht schwierig.

Kilometer 8,5: An der Fortress Junction liegt die einzige Tankstelle der Strecke, die außerdem ein ordentliches Sortiment an Camping- und Outdoorbedarf, Nahrungsmitteln und Getränken sowie Souvenirs hat. Die sympathischen Inhaber verkaufen auch guten Kaffee und ein paar Snacks – eine gute Möglichkeit, sich für ein Picknick einzudecken.

Kilometer 20,2: Einst eine Kiesgrube, heute ein tiefblauer, nahezu kreisrunder Teich – der Wedge Pond ist nicht nur bei Anglern ein beliebter Stopp. Außerdem kann man sich auf dem einen Kilometer langen Rundweg um den Teich die Beine vertreten, am Ufer entspannen und die sich im Wasser spiegelnden Berge fotografieren. Mit seiner gezackten Kante am Gipfelkamm sticht der Dreitausender im Südwesten besonders hervor. Er trägt den passenden Namen The Fortress – die Festung.

Kilometer 27: Wer sich für Olympiaden interessiert oder Lust auf eine kurze Wanderung hat, sollte hier vom Highway nach links auf den Mount Allan Drive abbiegen. Biegt man an der nächsten Kreuzung noch einmal links ab und folgt der Straße bis zum Parkplatz, erreicht man Kananaskis Village. Das winzige Dorf wurde extra für die Winterolympiade von 1988 angelegt – entsprechend ist der Baustil der wenigen Hotels und Shops rings um einen künstlichen Teich. Hier zu übernachten lohnt sich vor allem für Sportler, denn das Dorf bietet Tennis- und Basketballplätze, eine Fläche zum Eislaufen, ein Spa sowie befestigte Wege für Wanderer, Fahrradfahrer und Langläufer. Im Village Centre, der kleinen Mall am Teich, gibt es einen Imbiss, einen Souvenirladen und eine Outdoorfirma, die Touren anbieten sowie Winterausrüstung, Boote, Fahrräder und Wanderequipment vermieten. Wer zurück an der Kreuzung mit dem Mount Allan Drive links und gleich darauf rechts abbiegt, erreicht den Parkplatz (an der Stromtrasse) für die Wanderung zu den Troll Falls. Die hin und zurück 3,4 Kilometer lange Tour ist flach, gut ausgeschildert und führt zu einem sehenswerten Wasserfall – kurzum eine ideale Tour für Familien. Sie beginnt auf der linken Seite des Parkplatzes, wo ein Pfad in den Wald führt. Der Großteil der Strecke verläuft dann auf einem breiten Waldweg. Das Nakiska-Skigebiet, das für die Olympiade erschlossen wurde, sieht man auf der Weiterfahrt vom Highway aus.

Kilometer 31,5: Eine schöne Gelegenheit zum Picknicken gibt es auch an den Mount Lorette Ponds gleich rechts vom Highway. Ein kurzer Rundweg mit Brücken und Aussichtsplattformen am Wasser führt um die glasklaren Teiche. Sie waren einst Teil einer Schleife des Kananaskis River, bis sie durch den Bau der Straße abgetrennt wurden. Sie werden für Angler regelmäßig mit Forellen aufgestockt.

Kilometer 41: Nach links geht es runter vom Highway zu einem Park- und Picknickplatz am Damm des Barrier Lake. Vom Nordrand des künstlichen Sees hat man eine tolle Sicht auf den nahen Mount Baldy (2192), der über dem Highway thront. Wer ein Boot oder Paddleboard ausgeliehen hat, kann es hier zu Wasser lassen und den türkisblauen See aus einer anderen Perspektive erkunden.

Kilometer 43,2: Hier liegt eines der Besucherzentren, die auf Kananaskis spezialisiert sind. Es ist täglich geöffnet, im Sommer von 9 bis 17 Uhr sowie vom 16. Oktober bis 31. März von 9 bis 12:30 und 13:15 bis 16 Uhr.

Kilometer 44,2: Der Picknick- und Parkplatz an den Canoe Meadows zieht vor allem Kajakfahrer und -fans an: Der Kananaskis River fließt dank der engen Felswände an dieser Stelle ohnehin schneller und wilder, künstliche Hindernisse und Tore sorgen für zusätzliche Herausforderungen. Durch die Bäume hat man einen guten Überblick auf die Strecke. Bevor der Highway 40 schließlich auf den Highway 1 trifft, durchquert er erst noch flaches Farmland, wie es im Osten Albertas typisch ist. Dahinter erheben sich die *front ranges* der Rockies – ein Anblick, wie man ihn auf der Anfahrt von Calgary lieben lernt.

Einst Kiesgrube, heute Anglerparadies: Der Wedge Pond

Info

Lage: 50 km langer Abschnitt des Highway 40 zwischen der Kreuzung mit dem Kananaskis Lakes Trail im Peter Lougheed Provincial Park (siehe Seite 120) bis zum Highway 1 am Stoney Nakoda Resort, 30 km östlich von Canmore, GPS: Start 50.716083, -115.108750, Ende 51.102833, -115.019806

Anfahrt: Von Canmore aus über den Smith-Dorrien-Trail (siehe Seite 120) oder auf dem Trans-Canada Highway 1 knapp 28 km Richtung Calgary fahren, am Stoney Nakoda Resort rechts auf den Highway 40 nach Süden abbiegen und die Tour in umgekehrter Reihenfolge fahren.

Öffnungszeiten: Die Straße ist von den Sperrungen auf dem Highwood Pass vom 1. Dezember bis 14. Juni nicht betroffen.

Aktivitäten: fotografieren, wandern, zelten, Boot fahren, angeln (mit Lizenz)

Unterkünfte:

- HI Kananaskis Wilderness Hostel, rustikale Hütte mit Gemeinschaftsküche und gemütlichem Wohnzimmer mit Kamin, heiße Duschen, Übernachtung pro Person im 14-Bett-Zimmer (nach Geschlechtern getrennt) 31,42 CAD, Privatzimmer für 3 Personen 78,44 CAD, 10 % Aufschlag für Nicht-HI-Mitglieder, 1 Ribbon Creek Road, Kananaskis, AB T0L 2H0, Tel.: +1 866 762 4122, E-Mail: central.res@hihostels.ca, hihostels.ca/en/destinations/alberta/hi-kananaskis
- Mount Kidd RV Park, großer Zeltplatz am Kananaskis River mit Zugang zu Fahrrad- und Wanderwegen, Spielplatz, Tennisplatz und Laden, einfacher Stellplatz ab 34,75 CAD, mit Wasser und Strom 46 CAD, 1 Mountkidd Drive, Kananaskis, AB T0L 2H0, Tel.: +1 403 591 7700, E-Mail: camp@mountkiddrv.com, mountkiddrv.com
- weitere Unterkünfte siehe www.kananaskis.com/accommodations

Webseiten:

- albertaparks.ca/albertaparksca/visit-our-parks/road-trips/kananaskis
- Übersichtskarte: albertaparks.ca/media/6493727/2016_bow_corridor_kan_valley.pdf

Hinweis:

- Bei Wanderungen Bärenspray mitnehmen.
- Die einzige Tankstelle ist an der Fortress Junction, 44 km südlich vom Highway 1.

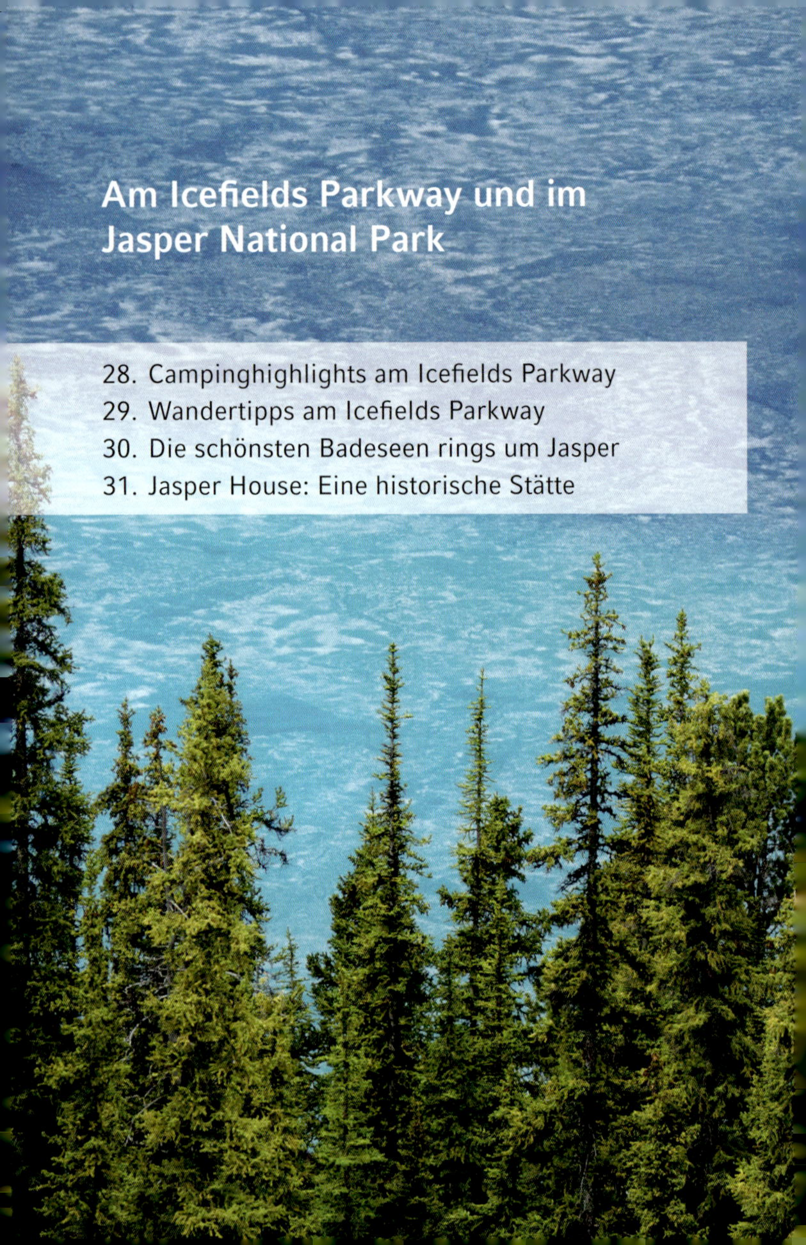

Am Icefields Parkway und im Jasper National Park

28. Campinghighlights am Icefields Parkway
29. Wandertipps am Icefields Parkway
30. Die schönsten Badeseen rings um Jasper
31. Jasper House: Eine historische Stätte

Der Peyto Lake ist im Frühsommer noch mit Eisschollen bedeckt.

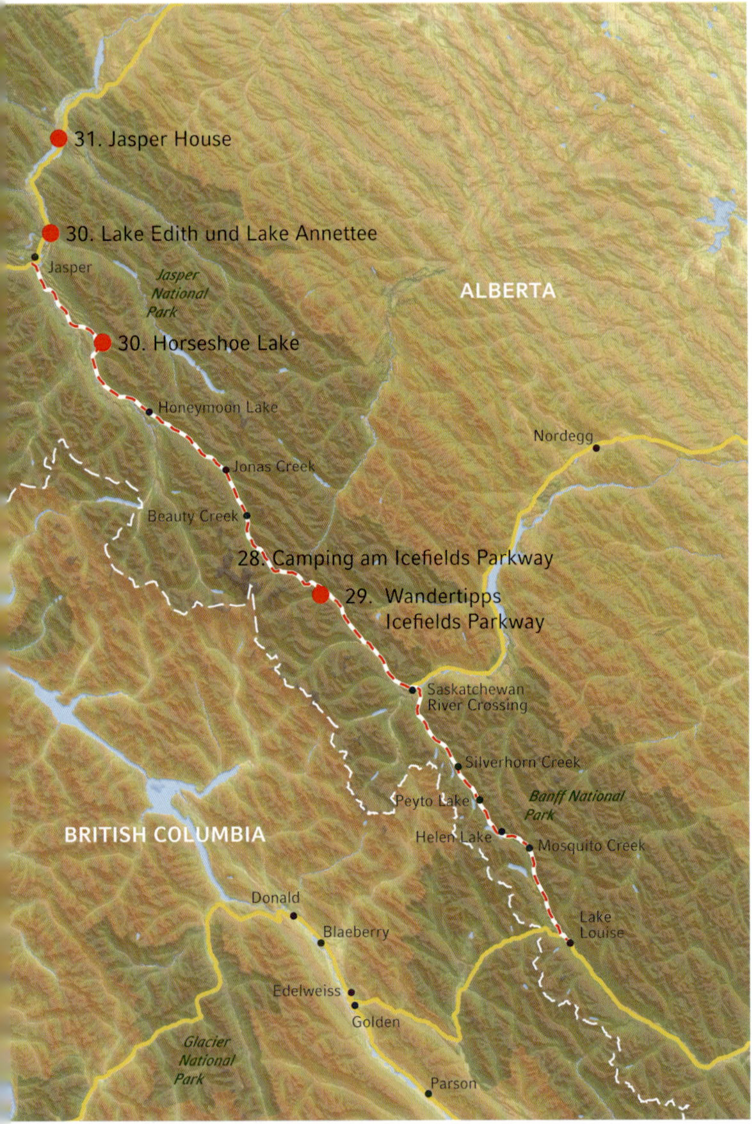
31. Jasper House
30. Lake Edith und Lake Annettee
Jasper
Jasper National Park
ALBERTA
30. Horseshoe Lake
Honeymoon Lake
Nordegg
Jonas Creek
Beauty Creek
28. Camping am Icefields Parkway
29. Wandertipps Icefields Parkway
Saskatchewan River Crossing
Silverhorn Creek
Peyto Lake
Banff National Park
BRITISH COLUMBIA
Helen Lake
Mosquito Creek
Donald
Lake Louise
Blaeberry
Edelweiss
Golden
Glacier National Park
Parson

28. Campinghighlights am Icefields Parkway

Die Panoramastraße zwischen Lake Louise und Jasper gehört zu den schönsten, aber auch beliebtesten Routen durch die Rockies. Wer über Nacht bleibt, sieht viele der Sehenswürdigkeiten in einem anderen Licht und in den ruhigen Stunden.

Um vom Banff in den Jasper National Park zu kommen, gibt es nur eine direkte Route: Straße 93, besser bekannt als Icefields Parkway. Die 233 Kilometer könnte man in rund drei Stunden schaffen, wären da nicht all die Sehenswürdigkeiten. Seen, Wasserfälle und nicht zuletzt Gletscher gehören zu den Hauptattraktionen entlang der Straße. Und dann ist da noch die Landschaft durch die Windschutzscheibe, die sich nach jeder Kurve ändert, aber nie langweilig wird. Da es nur die eine Straße gibt, sind Möglichkeiten, dem Trubel zu entkommen, selten. Wer aber auf den Campingplätzen übernachtet, bekommt eine neue Perspektive.

Abends, wenn die Tourbusse zurück in den Städten sind, wird es ruhiger am Icefields Parkway. Dann erstrahlen die Berge rot im letzten Sonnenlicht, und außer einigen Fotografen trifft man kaum noch jemanden, selbst an bekannten Aussichtspunkten wie am Peyto Lake. Sonnenauf-

Am Icefields Parkway

wie -untergänge haben dort ihren ganz eigenen Charme. Morgens strahlt die aufgehende Sonne den 2917 Meter hohen Mount Caldron hinter dem türkisblauen See an, abends spiegeln sich die eingefärbten Wolken auf seiner Oberfläche. Auch der Crowfoot Mountain (3050 m) am nahen Bow Lake wird morgens besonders schön beleuchtet. Wer am Icefields Parkway übernachtet, kann zu diesen Zeiten unterwegs sein, ohne davor oder danach lange Anfahrten zu haben. Einige der insgesamt neun Campingplätze haben sogar selbst eine wunderbare Aussicht.

Nur 27 Kilometer nördlich von Lake Louise liegt der Mosquito Creek Campground. Man sollte sich von dem Namen nicht abschrecken lassen: Mit mehr Mücken als sonst ist hier nicht zu rechnen. Die meisten Stellplätze liegen im Wald, aber vom zentralen Platz an der Picknickhütte und den Stellflächen direkt am Bach, der in den Bow River mündet, hat man einen wunderbaren Blick.

Auf der anderen Seite des Flusstales ragt ein Nebengipfel des Crowfoot Mountain auf, Mount Hector und Mount Andromache thronen im Süden direkt über dem Highway. Der Campground ist ein guter Ausgangspunkt für einen zeitigen Start zum Helen Lake (siehe Seite 140) – der Wanderparkplatz liegt nur neun Kilometer nördlich am Bow Lake.

Der erst 2018 eröffnete Silverhorn Creek Campground braucht noch etwas Zeit, bis die Bäume und Sträucher zwischen den Stellflächen gewachsen sind, aber der einstige *overflow campground* ist wunderschön angelegt worden. Nicht nur, dass die Sicht auf den dreieckigen Mount Weed (3080 m) vor allem von den ersten Stellflächen spektakulär ist – im Zentrum des Campingplatzes gibt es zudem zwei Teiche, in denen sich die Zacken der Bergkette im Westen herrlich spiegeln. Sogar zwei der beliebten roten Holzstühle wurden hier aufgestellt. Er liegt besonders günstig für spontane Ausfahrten zu Peyto und Bow Lake.

Der Reiz des Jonas Campground, der 26 Kilometer nach dem Columbia Icefield Richtung Jasper liegt, ist ein anderer: Er bietet allen, die mit einem Zelt unterwegs sind, eine echte Wildniserfahrung. Einige der Plätze liegen nämlich oberhalb auf einem Hügel, wo man nicht mit dem Auto herankommt – hinter dem Zelt ist nichts als Wald, Wald, Wald. Hier findet man auch manchmal noch einen freien Platz, wenn alle anderen Zeltplätze in der Umgebung längst voll sind.

Schließlich liegt 50 Kilometer vor Jasper der Honeymoon Lake Campground am gleichnamigen See. Zwar haben kaum Stellflächen einen direkten Zugang zum Wasser, aber zu Fuß ist man in wenigen Minuten am Ufer. Die steilen Abhänge der Endless Chain Ridge spiegeln sich an windstillen Tagen im Wasser. Mit nur vier Kilometern Entfernung ist der Platz außerdem ein praktischer Ausgangspunkt für die Sunwapta Falls.

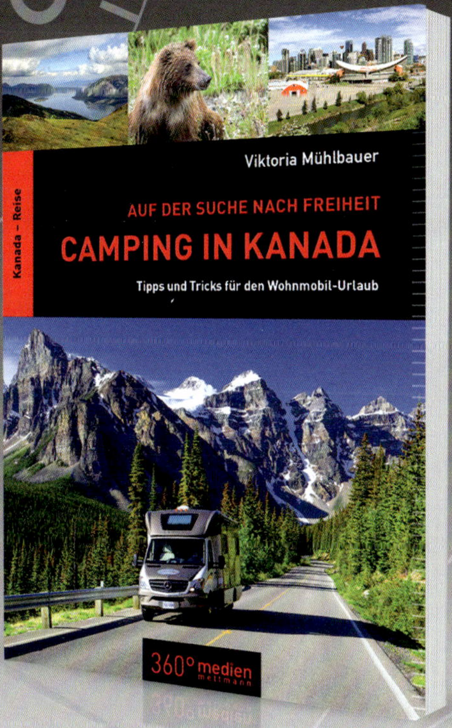

Auf der Suche nach Freiheit: CAMPING IN KANADA
Tipps und Tricks für den Wohnmobil-Urlaub

Der Ratgeber soll Camping-Neulingen bei der Planung ihres Kanada-Abenteuers zur Seite stehen. Während im ersten Teil der Fokus auf Kanada als Reisedestination liegt, befasst sich der zweite Teil des Buches ganz detailliert mit dem RV. Anschließend liegt der Fokus auf dem Urlaub mit dem Wohnmobil und den alltäglichen Abläufen. Im letzten Teil des Ratgebers geht es schließlich darum die beliebtesten Reiserouten und Insidertipps in aller Kürze vorzustellen.

Viktoria Mühlbauer, Format 14,8 x 21 cm, 19,95 €
ISBN 978-3-947164-26-4

Online bestellen unter: www.360grad-medienshop.de/Camping-in-Kanada

2018 eröffnet: Der Campingplatz am Silverhorn Creek

Info

Unterkünfte:

- Mosquito Creek: 27 km von Lake Louise, 206 von Jasper, GPS: 51.630472, -116.329250; geöffnet vom 1. Juni bis 8. Oktober, 32 Stellplätze, einige direkt am Bach, zentrale Picknickhütte mit Ofen, Plumpsklo/Spüle/Trinkwasser vorhanden, Selbstregistrierung vor Ort, 17,60 CAD, Lagerfeuer 8,80 CAD (optional), pc.gc.ca/en/pn-np/ab/banff/activ/camping/mosquito
- Silverhorn Creek: 54 km von Lake Louise, 177 km von Jasper, GPS: 51.800028, -116.578778; geöffnet vom 21. Juli bis 10. September, 45 Stellplätze, Untergrund zu hart für Zeltheringe (Steine helfen), tolle Sicht von allen Plätzen, dafür wenig Schatten, nur Plumpsklos, Trinkwasser am Waterfowl Lakes Campground (5 km nördlich), Selbstregistrierung vor Ort, 15,70 CAD (8,80 für Lagerfeuer optional), pc.gc.ca/en/pn-np/ab/banff/activ/camping/silverhorn
- Jonas Creek: 156 km von Lake Louise, 77 km von Jasper, GPS: 52.416528, -117.397222; geöffnet vom 15. Mai bis 24. September, 26 Stellplätze, davon 12 als *walk-in* für Zelte auf einem Hügel, Plumpsklos/Picknickhütte/Trinkwasser vorhanden, Selbstregistrierung vor Ort, 15,70 CAD (8,80 CAD für Feuer optional), pc.gc.ca/en/pn-np/ab/jasper/activ/passez-stay/camping
- Honeymoon Lake: 183 km von Lake Louise, 50 km von Jasper, GPS: 52.555194, -117.683583; geöffnet vom 15. Mai bis 24. September, 35 Stellflächen, Plumpsklos/Picknickhütte/Trinkwasser vorhanden, Selbstregistrierung vor Ort, 15,70 CAD (8,80 CAD für Feuer optional), pc.gc.ca/en/pn-np/ab/jasper/activ/passez-stay/camping

Webseiten:

- travelalberta.com/de/places-to-go/road-trips/icefields-parkway
- Karte: albertawow.com/layout_maps/Icefields%20parkway%20area%20map.pdf

Hinweise:

- Für die Campingplätze sollte man genug Kleingeld dabei haben, es muss vor Ort passend bezahlt werden.
- In Lake Louise oder Jasper sollte man noch einmal voll tanken, da es nur eine (angesichts der Lage teurere) Tankstelle an der Strecke gibt – am Saskatchewan River Crossing, 80 km von Lake Louise und 153 km von Jasper entfernt.
- Bärenspray sollte man dabeihaben.
- Auf den Zeltplätzen gibt es auch bärensichere Metallboxen zur Aufbewahrung von Nahrungsmitteln, Kosmetik und allem mit einem starken Geruch.

29. Wandertipps am Icefields Parkway

Neben dem Übernachten gibt es an der beliebten Straße noch ein Mittel, um den Besuchermassen zu entkommen und die Schönheit der Gegend zu genießen: Zu Fuß unterwegs sein.

Die Wandermöglichkeiten entlang des Icefields Parkway sind endlos: Je nach Anspruch finden sich kürzere Wege, etwa zu den Seen im Tal, oder herausfordernde Touren hinauf auf die Pässe links und rechts der Straße. Zu den beliebtesten Wanderwegen gehören etwa die Tour zum Wilcox Pass in der Nähe des Columbia Icefield oder auf die Parker Ridge, von der man auf den Saskatchewan Glacier schauen kann. Wer etwas Neues oder mehr Ruhe sucht, dem seien diese drei Alternativen empfohlen.

Zum Helen Lake und zum Kamm am Cirque Peak: Die Belohnung für diese nicht zu harte Tour ist eine Weitsicht, die ganz ohne Gipfelbesteigung ihresgleichen sucht. Bergwiesen, Murmeltiere, Seen und alpines Gelände warten am Ende des knapp sieben Kilometer langen Aufstiegs (550 Höhenmeter). Vom Parkplatz gilt es zunächst knapp drei Kilometer mal steil, mal seichter bergan durch den Wald aufzusteigen. Wo Lawinen die Bäume mitgerissen haben oder der felsige Untergrund die Vegetation ausdünnt, bekommt man einen Blick zurück ins Bow Valley und zum Crowfoot Mountain. Nach 3,4 Kilometern macht der Weg eine Kurve und erreicht das Hochtal, in dem der Helen Lake liegt. Die Bäume werden weniger und machen Platz für bunte Bergwiesen und einen freien Blick nach links auf eine Felswand, über der manchmal Adler kreisen, und nach rechts auf den Dolomite Peak. Er trägt diesen Namen, weil seine Form die ersten europäischen Alpinisten an die italienischen Dolomiten erinnerte. Nach fünf Kilometern gilt es den flachen Helen Creek zu queren. Die Baumgrenze ist nun endgültig überschritten, und über die

Der Cirque Peak über dem Helen Lake

Von Europäern benannt: Der Dolomite Peak

Bergwiesen geht es den letzten Kilometer vorbei an Eisgrauen Murmeltieren zum Ufer des Sees. Wer noch Kraft hat, sollte die letzten 900 Meter auf den Bergkamm dahinter aufsteigen. Der Zickzackweg, der etwas nach rechts führt, ist die empfohlene Route. Oben angekommen sind der Ausblick auf das Hochtal und die Gipfel auf der anderen Seite des Bow Valley einfach fantastisch. Auf der anderen Seite schaut man hinunter auf den Katherine Lake zu Füßen des Dolomite Peak. Hier oben sollte man sich Zeit nehmen, um das Panorama zu genießen: Nach rechts führt ein Pfad auf den höchsten Punkt der Ridge (2500 m), nach links zu einem Teich unterhalb des noch einmal 493 Meter höheren Cirque Peak. Der Abstieg geschieht auf der selben Route. Einen halben Tag sollte man dafür mindestens einplanen.

Zum Ufer des Peyto Lake gehen die Wenigsten.

Zum Ufer des Peyto Lake: Dieser Pfad gehört zu den am wenigsten genutzten Wegen am Icefields Parkway. Dabei gelangt man auf ihm ans Ufer des berühmten, türkisfarbenen Sees in Form eines Hundekopfes. Am Parkplatz markieren bunte Bänder den Beginn des 1,4 Kilometer langen Weges: Zunächst geht es hundert Meter steil hinab, bis man auf den zugewachsenen alten Banff-Jasper-Highway trifft. Dem folgt man 300 Meter nach links um eine seichte Kurve und biegt dann links auf einen schmalen Weg in den Wald ab. Wenig später muss ein Bach überquert werden, Baumstämme und Steine helfen dabei. Der weitere Weg ist schmal, geht ein paar Mal auf und ab und ist gelegentlich matschig – aber da es nur den einen gibt, ist es nicht schwer ihm zu folgen. Kurz vor dem Seeufer muss ein sumpfiger Abschnitt überquert werden, was mit etwas Geduld trockenen Fußes möglich ist. Im Hochsommer, wenn der Wasserstand des Sees nicht zu hoch ist, kann man am Ufer weiter nach Süden laufen und die andere Perspektive auf den Caldron Peak genießen. Eine Legende besagt, dass Bill Peyto, der Guide, nach dem der See benannt wurde, bei Ausflügen mit Touristen diese abends am Bow Summit campen ließ – selbst aber zum Ufer abstieg, um die Ruhe zu genießen.

Weg am Rand des Beauty Creek

Zu den Stanley Falls am Beauty Creek: Dieser kurze Abstecher zu einer sehenswerten Klamm mit zahlreichen Wasserfällen soll einst eine beliebte Touristenattraktion gewesen sein – als der Highway noch näher daran vorbeiführte. Seit seiner Verlegung in den 1960er-Jahren merkt man davon nicht mehr viel. Der Weg ist hin und zurück nur 3,2 Kilometer lang, führt aber zum Teil nah an die Schlucht heran. Trittsicherheit ist also ein Muss. Von der Parkbucht aus verläuft er zunächst flach am Bach entlang, durch einige Bäume und hinauf auf den alten Highway. Zur Schlucht geht es nach rechts. 600 Meter weiter biegt der Weg links ab und wird kurz sehr steil. Nun ist es einfach, dem Weg zu folgen: Er bleibt auf der linken Seite des Beauty Creek, steigt nicht zu steil an, und dank der vielen Wasserfälle gibt es immer wieder einen Grund anzuhalten. Nach 1,6 Kilometern sind die Stanley Falls, der höchste Wasserfall, erreicht. Der Pfad führt noch an sein oberes Ende, wo man auf den Steinplatten am Ufer des Baches eine Rast machen kann, bevor man auf dem selben Weg zurückkehrt.

Info

Anfahrt: Alle Wanderungen starten am Icefields Parkway. Vom Einkaufszentrum in Lake Louise aus auf dem Lake Louise Drive aus der Stadt raus und über die Brücke fahren, danach links auf den Highway 1 Richtung Norden abbiegen. Nach rund 2 km die Abfahrt auf die Straße 93 nach Jasper nehmen. In Jasper vom Parkplatz am Bahnhof nach links auf den Connaught Drive abbiegen. Er führt nach Westen aus der Stadt und unter der Bahnlinie durch. An der nächsten Kreuzung mit dem Highway 16 gerade ausfahren und schon ist man auf dem Icefields Parkway.

Lage: Der Ausgangspunkt zum Helen Lake liegt am südlichen Ende des Bow Lake auf der anderen Straßenseite (ausgeschildert). Der unasphaltierte Wanderparkplatz zum Ufer des Peyto Lake ist nicht beschildert, er liegt 2,5 km nach dem Bow Pass auf der linken Seite. Die Parkbucht am Beauty Creek liegt auf der rechten Seite des Highways, 9 km nördlich der Tangle Falls, GPS der Parkplätze: Helen Lake 51.664083, -116.438667; Peyto Lake Ufer 51.739528, -116.511639; Beauty Creek 52.327806, -117.330278

Unterkünfte:

- The Crossing Resort, große Raststätte am Saskatchewan River Crossing, mit Tankstelle, Shop, Pub, Café und Restaurant und toller Aussicht, Zimmer für bis zu 4 Personen mit Queen- oder King-Betten, Bad, Kühlschrank, Kaffeemaschine und zum Teil Balkon mit Bergblick, im Winter geschlossen, in der Hochsaison ab 229 CAD, in der Nebensaison (15. April bis 31. Mai sowie 1. bis 21. Oktober) ab 129 CAD, AB-93, Improvement District No. 9, AB, Kreuzung der Straßen 93 und 11 (nach Nordegg), Tel.: +1 403 761 7000, E-Mail: info@thecrossingresort, thecrossingresort.com
- Sunwapta Falls Rocky Mountain Lodge, praktisch gelegenes, kleines Resort mit klassischen Holzbungalows und Lodge, Zimmer mit 1 oder 2 Betten, Bad, Kühlschrank, TV und Wifi, ab 259 CAD, Highway 93, Sunwapta Falls, AB T0E 1E0, Tel.: +1 780 852 4852, E-Mail: info@sunwapta.com, sunwapta.com/
- Campingplätze, siehe Seite 139.

Webseiten:

- pc.gc.ca/en/pn-np/ab/banff/activ/randonee-hiking/93N#helen
- travelalberta.com/ca/listings/beauty-creek-trail-6388

Hinweis:

- Bärenspray mitnehmen.
- Aktuelle Berichte über den Zustand der Wanderwege unter pc.gc.ca/apps/tcond/index_e.asp

30. Die schönsten Badeseen rings um Jasper

Die letzten Sommer waren auch in den Rockies sehr heiß und trocken. Ein Bad in kristallklarem Wasser kommt da gerade recht – zum Beispiel im Lake Annette, im Lake Edith oder im Horseshoe Lake.

Das Wasser ist türkisblau und glasklar. Am sandigen Grund ziehen Fische ihre Bahnen. Paddleboarder gleiten mühelos über die Oberfläche. Sonnenanbeter liegen am Strand. Moment, ist das die Karibik? Nein, zugegeben, das Wasser ist deutlich kälter und wirklich warm wird es auch im Lauf des Sommers nicht werden, aber der Lake Annette bei Jasper ist ein Traum von einem Badesee, an dem auch die Einheimischen gerne ihre freien Sommernachmittage verbringen. Neben dem Strand gibt es auch noch eine Wiese zum Sonnenbaden, außerdem einen Spielplatz und Picknickbänke samt Feuerstellen. Der See ist am Rand sehr flach und ideal zum Planschen oder Ballwerfen, in der Mitte tiefer, aber so klar, dass man den Grund sehen kann. Und weil wir immer noch in den Rockies sind, kommt auch die Aussicht auf die Berge nicht zu kurz.

Vom Strand am Lake Annette aus gesehen heißt der Star Mount Edith Cavell: Der beeindruckende Gipfel südlich der Stadt ist 3300 Meter hoch. Die Zugangsstraße zu den Bergwiesen und Gletschern am Berg war wegen Bauarbeiten lange gesperrt, soll aber im Sommer 2019 wieder öffnen. Das Panorama ändert sich natürlich, wenn man den Lake Annette auf dem 2,4 Kilometer langen, rollstuhlgerechten Uferweg umrundet. Bänke laden unterwegs zum Verweilen ein. Mit etwas Glück kann man außerdem Adler auf den Bäumen am Ufer oder Wapitis auf den Wiesen beobachten.

Klares Wasser und viel Platz: Der Lake Annette

Lake Edith ist vom Lake Annette nur durch einen kleinen Hügel getrennt. Auch er beeindruckt durch sein klares Wasser, nur der Strand ist etwas schmaler. Wer am Ufer nach links läuft, findet zwei der beliebten roten Stühle. Die Sicht vom südöstlichen Ufer auf den sich spiegelnden Grisette

Paddleboarder vor dem Mount Edith Cavell

Mountain (2640 m) ist an windstillen Tagen fantastisch. Da Lake Edith größer ist und von Gletscherschmelzwasser gespeist wird, bleibt er trotz des Hochsommers kühl. Da er aber weitgehend flach ist, sieht man trotzdem viele Leute im klaren Wasser umherwaten. Beim Paddleboarden bleibt man übrigens trocken – nur bei Wind kann das Stehpaddeln gegen die Wellen auf beiden Seen eine Herausforderung werden. Sonst ist es eine Aktivität, der hier auch Anfänger nachgehen können. In der Hochsaison kann man in einer kleinen Holzhütte am Ufer die Ausrüstung direkt am Strand mieten.

Der Horseshoe Lake am Icefields Parkway südlich von Jasper ist kein klassischer Badesee, aber er hat auch seinen Charme. Der tatsächlich hufeisenförmige See ist vor allem bei Klippenspringern beliebt, denn an der linken Seite rahmen Felswände eine schmale Bucht ein. Dennoch sollte man sich vergewissern, wie tief der kalte See ist, bevor man springt – natürlich auf eigene Gefahr. Es gibt in der Bucht aber auch einen ebenerdigen Zugang zum See, der schnell tiefer wird. Deswegen gehört der Horseshoe Lake auch zur kälteren Sorte. Auf den treppenförmigen Felsen am Rand lässt sich herrlich sonnenbaden und picknicken. Zu der Bucht gelangt man vom Parkplatz aus auf einem kurzen Pfad. Er führt zunächst zu einer Gabelung: links geht es zum flachen Ufer weiter, rechts auf eine kleine Halbinsel in der Mitte des Sees. Dort kann man sich auf einem

Rundweg die Beine vertreten. Wer die bewaldeten Ufer auf der anderen Seite des Sees erkunden will, muss ein Boot oder Paddleboard mitbringen. Dass viele Bäume rings um den See rotbraune Nadeln haben, liegt am Bergkiefernkäfer – eine Borkenkäferart, die in Nordamerika verbreitet ist. Die Verantwortlichen der Nationalparks versuchen unter anderem mit gezielten Bränden und dem Entfernen befallener Bäume die Ausbreitung zu verhindern. Der ungewöhnliche See zu Füßen des Mount Hardisty (2715 m) ist dennoch einen Stopp wert.

Für mutige Klippenspringer: Der Horseshoe Lake

Info

Lage: Lake Annette und Lake Edith liegen am Ende der Lake Annette Road, Jasper, AB T0E 1E0, der Horseshoe Lake am Icefields Parkway, Improvement District No. 12, AB T0E 1E0, GPS: Parkplatz zwischen Lake Annette und Lake Edith 52.906694, -118.045722; Horseshoe Lake 52.694806, -117.867083

Anfahrt:

- Zum Lake Annette und zum Lake Edith vom großen Parkplatz am Bahnhof in Jasper nach rechts auf den Connaught Drive abbiegen. Nach 2,6 km links auf den Highway 16 fahren. Nach 1,8 km rechts auf die Maligne Lake Road abbiegen und nach der Brücke gleich wieder rechts. 1,2 km weiter links abbiegen auf die Lake Annette Road. Die Parkplätze liegen am Ende der Straße.
- Zum Horseshoe Lake vom Parkplatz in Jasper links auf den Connaught Drive abbiegen, ihm nach Westen aus der Stadt folgen und an der großen Kreuzung mit dem Highway 16 geradeaus

fahren. 26,3 km auf dem Icefields Parkway nach Süden fahren. Der kleine Parkplatz befindet sich auf der linken Seite.

Aktivitäten: spazieren, sonnenbaden, Picknick, schwimmen, Ballsport, Boot fahren, Paddleboard-Ausleihe am Strand von Lake Edith. Weitere Ausleihmöglichkeiten in Jasper, Anlieferung möglich, z. B.

- Pure Outdoors, 632 Connaught Drive, Jasper, AB T0E 1E0, pureoutdoors.ca

Unterkünfte:

- Wapiti Campground, großer Zeltplatz südlich von Jasper mit 363 Stellflächen im Kiefernwald am Athabasca River, geöffnet vom 1. Mai bis 6. Oktober (auf 93 Stellplätzen das ganze Jahr), geeignet für Zelte und Wohnmobile, Stromanschlüsse und heiße Duschen vorhanden, 27,40 bis 32,30 CAD, AB-93A, Jasper, AB T0E 1E0, die Reservierung ist ab 8. Januar möglich, Tel.: +1 877 737 3783, pc.gc.ca/en/pn-np/ab/jasper/activ/passez-stay/camping
- Wabasso Campground, ebenfalls am Athabasca River, aber weiter außerhalb der Stadt an einer Nebenstraße gelegen, 231 Stellflächen, auch einige mit Strom für kleinere Wohnmobile, sonst aber einfacherer Platz ohne Duschen, geöffnet vom 1. Mai bis 7. Oktober, 21,50 bis 27,40 CAD, AB-93A, Jasper, AB T0E 1E0, Tel.: +1 877 737 3783, pc.gc.ca/en/pn-np/ab/jasper/activ/passez-stay/camping.
- Der größte Zeltplatz bei Jasper, Whistlers Campground (781 Stellplätze), ist 2019 für Renovierungsarbeiten geschlossen. Ohne Reservierung dürfte es in Jasper damit noch schwieriger werden, einen Zeltplatz zu finden, als es so schon ist. Alternativen finden sich in Hinton (siehe Seite 164) oder Richtung Mount Robson Provincial Park. Jasper selbst hat eine große Auswahl an Hotels, Inns und Bed&Breakfasts, jasper.travel/where-to-stay

Webseite: pc.gc.ca/en/pn-np/ab/jasper/activ/activ-experience/ete-summer/activitesnautiques-wateractivities/plages-beaches

Hinweise:

- Es gibt keine Rettungsschwimmer an den Seen.
- Am Lake Annette und am Lake Edith ist Rauchen verboten.
- Hunde sind hier nur in einem bestimmten Bereich erlaubt: An beiden Hauptufern rechts vom Strand.
- Das Klippenspringen am Horseshoe Lake ist nicht ungefährlich, dort sind schon Unfälle passiert. Wer springen will, sollte also Vorsicht walten lassen – auch beim Laufen auf den Felsen, die rutschig sein können.

31. Jasper House: Eine historische Stätte

Wer wissen will, wie und vor allem wo die Erschließung von Jasper begonnen hat, sollte hier anhalten. Auch wenn das Haus selbst gar nicht mehr da ist, gibt es viel zu erfahren.

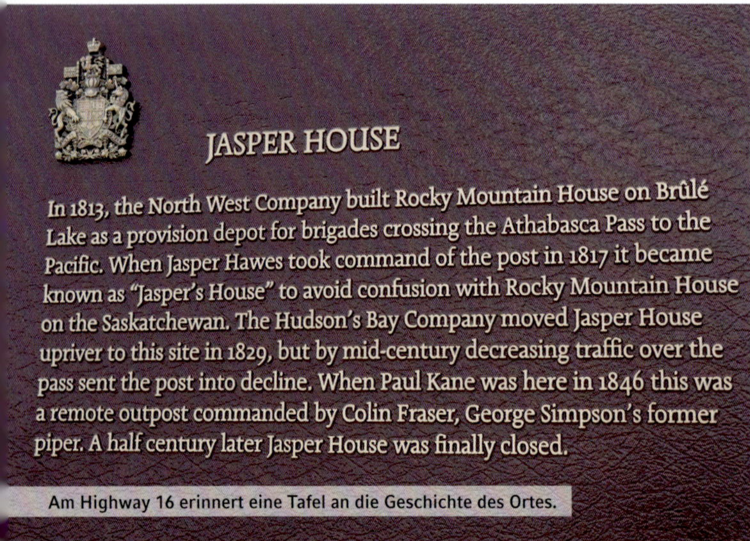

Am Highway 16 erinnert eine Tafel an die Geschichte des Ortes.

Etwa auf halbem Wege zwischen Jasper und Hinton liegt am Rand des Highways eine Parkbucht, an der viele einfach vorbeifahren. Nur eine Gedenktafel an einem Stein weist darauf hin, was sich hinter den Bäumen verbirgt: An dieser Stelle, auf der anderen Seite des Athabasca River, befand sich einst das Jasper House. Ohne diesen Ort wäre die Erkundung des heutigen Jasper National Park nicht denkbar gewesen. Für alle Geschichtsenthusiasten lohnt es sich deshalb besonders, hier zu halten. Für alle anderen ist es eine willkommene Gelegenheit, sich die Beine zu vertreten, vor allem, wenn man gerade die 330 Kilometer lange Anfahrt aus Edmonton in die Rockies hinter sich gebracht hat.

Jasper House steht auf der Liste der kanadischen *national historic sites* – eine Auswahl historisch bedeutsamer Orte von nationalem Rang. Um die Geschichte des Ortes zu vermitteln, wurde ein schöner, kurzer Weg vom

Highway runter zum Fluss angelegt. Er windet sich durch ein Stück Wald und ein Feuchtgebiet und endet an einer Aussichtsplattform am steinigen Flussufer. Mit historischen Bildern und Zeichnungen sowie englischen und französischen Texten wird auf Schildern ein guter Überblick über die Geschichte des Ortes vermittelt – von den Ureinwohnern bis zu den europäischen Siedlern und den ersten Touristen der Gegend.

Von dem Holzhaus, das einst auf der anderen Seite des Flusses gestanden hat, ist seit über hundert Jahren nichts mehr zu sehen. Nur die Lichtung ist noch da – und sie steht unter Schutz, damit die Landschaft so erhalten bleibt, wie sie die Ureinwohner und Handelsreisende früher kennengelernt haben. Im 19. Jahrhundert jedoch war dies der wichtigste Anlaufpunkt für alle Erkundungsteams, Pelzhändler und Reisende, die diesen Weg über die Rocky Mountains wählten. Ursprünglich war das Blockhaus 1813 von der North West Company am Brûlé Lake errichtet worden. Der Manager des Handelspostens war von 1815 bis 1821 ein Mann names Jasper Haws, weshalb es als Jasper's House bekannt wurde. Dort wurden nicht nur Pelze mit den Ureinwohnern gehandelt, sondern auch Durchreisende mit Essen, Kleidung und Pferden versorgt.

Das Haus stand am anderen Ufer.

Boote auf dem Athabasca River brachten Menschen und Ware hierher.

1830, nachdem die North West Company mit der heute noch existierenden Hudson's Bay Company fusioniert hatte, wurde das Haus auf die Lichtung am Athabasca River versetzt, um näher an zwei Handelsrouten zu liegen, die über den Athabasca und den Yellowhead Pass führten. Erst 1884 wurde es geschlossen, war aber zu diesem Zeitpunkt schon einige Jahre verlassen. Der Handelspunkt hatte schlicht seine Aufgabe eingebüßt, weil der Transport der Waren nun zunehmend über den Seeweg erfolgte. Die Erschließung mit Bahnstrecken folgte. Als 1907 der Jasper Forest Park gegründet wurde, wählte man Jasper Haws Namen, um ihn und die historische Bedeutung des Hauses zu ehren. 1913 folgte die Umbenennung des Städtchens Fitzhugh in Jasper.

Übrigens: Der Athabasca River, der hier wieder ein rauschender Fluss ist, ist anderthalb Kilometer weiter Richtung Jasper noch ein fast zehn Kilometer langer See – der Jasper Lake. Dort ist das Flussbett so breit, dass der Athabasca River nur langsam fließt. Mit Booten weiterzureisen, war deshalb nicht möglich, weshalb am Jasper House Pferde und Schneeschuhe zur Verfügung standen. Heute sieht man im Sommer in dem flachen Wasser viele Menschen weit hinauswaten. Je tiefer der Wasserstand, umso mehr Sand kommt am Ufer zum Vorschein. Wenn man einen Parkplatz findet, ist das an heißen Tagen auch ein spannender und erfrischender Zwischenstopp.

Info

Lage: Am Highway 16, rund 42 km von Hinton und 35 km von Jasper, GPS: Jasper House Historic Site 53.146192, -117.977242

Anfahrt:

- Vom Visitor Centre in Hinton nach links auf die Hauptstraße, den Highway 16, abbiegen und ihm für 41,7 km folgen. Die Parkbucht liegt auf der rechten Seite.
- In Jasper vom Parkplatz am Bahnhof aus nach rechts auf den Connaught Drive fahren, nach 2,6 km links auf den Highway 16 abbiegen. Die Parkbucht liegt nach weiteren 32,6 km auf der linken Seite.

Öffnungszeiten: ganzjährig, im Winter möglicherweise unpassierbar

Aktivitäten: spazieren, lernen, fotografieren

Unterkünfte:

- Pocahontas Cabins, Bungalows und Lodge-Räume im typischen Blockbaustil am westlichen Rand des Jasper National Park, zum Teil mit Whirlpool und Kamin ausgestattet, ab 144 CAD, Kreuzung Highway 16 East and Miette Hotsprings Road, Jasper, AB T0E 1E0, Tel.: +1 469 610 3608, pocahontascabins-jaspernationalpark.com/
- Pocahontas Campground, einfacher Zeltplatz mit 140 Stellflächen am Mountain Creek und einem Pfad, der zu den Punchbowl Falls führt, Trinkwasser und Toiletten vorhanden, kein Strom, keine Duschen, geöffnet vom 15. Mai bis 24. September, 21,50 CAD, an der Miette Road, Improvement District No. 12, AB T0E 1E0, Reservierung ab 8. Januar unter Tel.: +1 877 737 3783, pc.gc.ca/en/pn-np/ab/jasper/activ/passez-stay/camping.
- 2019 wird der größte Campingplatz von Jasper umgebaut und ist geschlossen, dann ist das Reservieren in der Hauptsaison absolut empfehlenswert. Weitere Tipps siehe Seite 147.

Webseite: pc.gc.ca/en/lhn-nhs/ab/jasperhouse

Hinweise: Eine Trockentoilette ist am Parkplatz vorhanden.

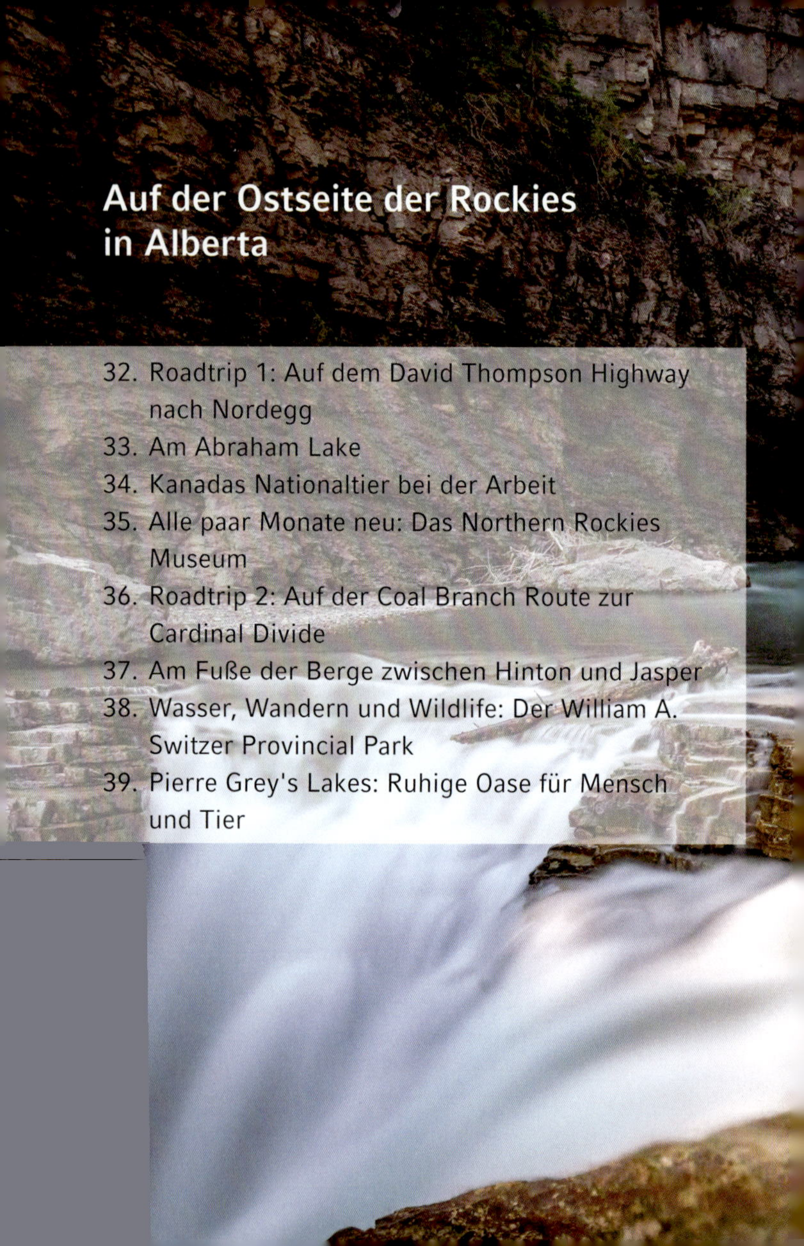

Auf der Ostseite der Rockies in Alberta

Erfrischung pur: Zu Fuß der Crescent Falls am David Thompson Highway

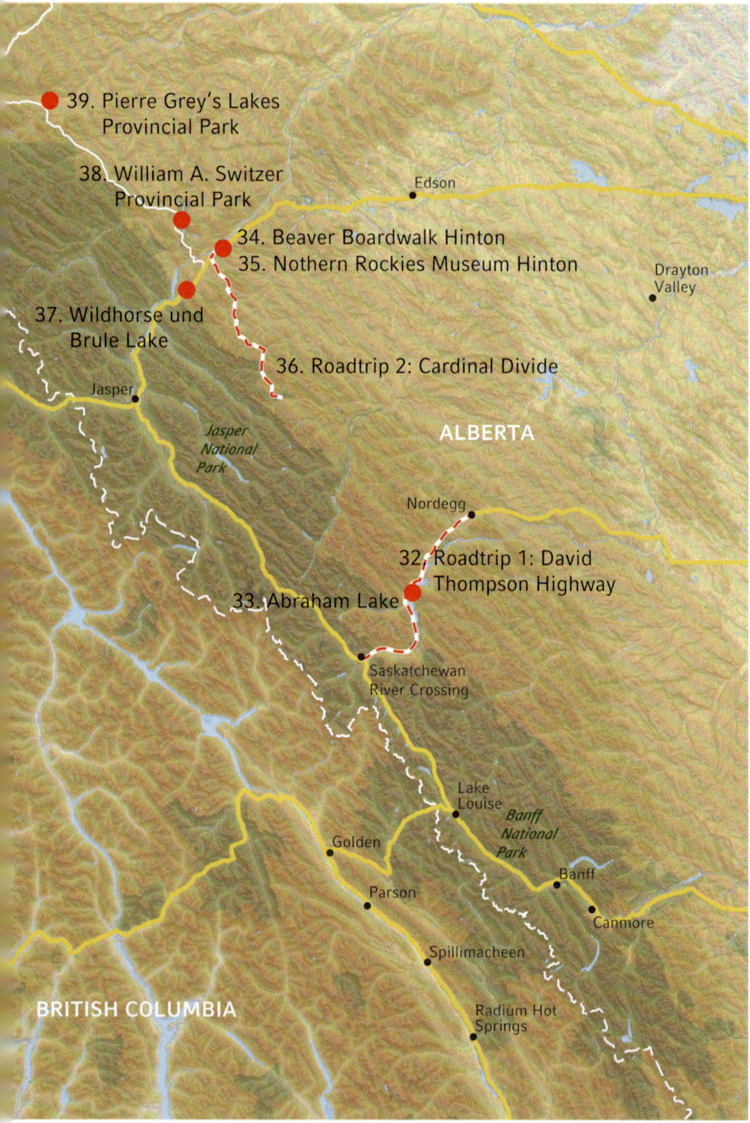
39. Pierre Grey's Lakes Provincial Park
38. William A. Switzer Provincial Park
Edson
34. Beaver Boardwalk Hinton
35. Nothern Rockies Museum Hinton
Drayton Valley
37. Wildhorse und Brule Lake
36. Roadtrip 2: Cardinal Divide
Jasper
Jasper National Park
ALBERTA
Nordegg
32. Roadtrip 1: David Thompson Highway
33. Abraham Lake
Saskatchewan River Crossing
Lake Louise
Banff National Park
Golden
Banff
Parson
Canmore
Spillimacheen
BRITISH COLUMBIA
Radium Hot Springs

32. Roadtrip 1: Auf dem David Thompson Highway nach Nordegg

Vom Icefields Parkway, 80 Kilometer nördlich von Lake Louise, biegt am Saskatchewan Crossing ein Highway nach Osten ab. Eine Ausfahrt ins Bighorn Country kann einen Tag dauern, aber wer es einmal gesehen hat, will länger bleiben.

Wer auf dem Highway 11 entlang des North Saskatchewan River fährt, befindet sich auf der selben Route, die einst der legendäre Pelzhändler, Forschungsreisende und Kartograf David Thompson am Anfang des 19. Jahrhunderts zurückgelegt hat, um die Rockies zu überqueren. In Erinnerung daran tragt der Highway heute seinen Namen. Reisende nutzen ihn vor allem, um zum Abraham Lake (siehe Seite 158) zu kommen oder zu den Siffleur Falls zu wandern. Es gibt aber noch mehr Sehenswürdigkeiten an der Panoramastraße. Die Kilometerangaben beziehen sich auf die Entfernung vom Saskatchewan River Crossing im Banff National Park, wo der Highway beginnt.

Kilometer 18,4. Waldbrände kommen im Sommer in den Rocky Mountains häufig vor, viele davon entzündet von einem Blitzeinschlag. Andere Brände werden gezielt gelegt: Wie Feuer die Flora und Fauna beeinflusst, kann man auf dem Landslide Lake Interpretive Fire Trail selbst erfahren. Dort wurde der alte, artenarme Kiefernwald 2009 niedergebrannt. Von Jahr zu Jahr kehrt nun mehr Grün zurück. Vom Parkplatz in der Nähe des Highways aus kann man auf einem kurzen (400 m) oder einem längeren Rundweg (2 km) erkunden, was ein Jahrzehnt später wieder wächst. Schilder und Flyer erklären den Einfluss des Feuers. Auf der Weiterfahrt durchquert die Straße bald darauf die Kootenay Plains – eine Ebene am North Saskatchewan River, die im Winter nur wenig Schnee abbekommt und deshalb Herden von Wapitis und Bergschafen anzieht.

Nach dem Feuer: Laub- statt Nadelwald

Kilometer 72: Kurz nachdem der Highway 11 den Abraham Lake verlässt, biegt eine Schotterstraße zu den Crescent Falls ab – ein einzigartiger Wasserfall, der über zwei Ebenen in eine tiefe Schlucht rauscht. Nach 3,5 Kilometern erreicht die Zufahrtsstraße einen Aussichtspunkt, der einen ersten Eindruck gewährt, wie tief der Bighorn River sich in die Landschaft gegraben hat. 2,7 Kilometer später endet die Straße am Parkplatz und an einer Aussichtsplattform über den Crescent Falls. Wer dem Geländer am Abgrund links aufwärts folgt, gelangt zu einigen kurzen Trampelpfaden, die hinunter zum Fuß des oberen Wasserfalls führen. Sie sind nicht befestigt und abschüssig – Wanderstöcke können dabei helfen, sicher hinunter zu kommen. Die Pfade enden auf einer Felsplatte am Rand der Schlucht. Geländer gibt es nun keine mehr. Rechts gelangt man nach wenigen Metern zu dem Wasserfall.

Kilometer 90: Der Highway erreicht nun Nordegg – einst eine klassische Bergbausiedlung, die mehr und mehr ihre touristischen Angebote ausbaut. Es gibt bereits Tankstellen, Unterkünfte, ein paar Shops und das Nordegg Heritage Centre mit einem neuen, kleinen Museum. Ein Blick hinein (die Ausstellung ist kostenlos) lohnt sich schon, wenngleich die Arbeit daran weitergehen soll. Zu sehen gibt es eine Sammlung historischer Gegenstände, vor allem zur Bergbauvergangenheit und zum Leben der Bergmänner und ihrer Familien ist bereits zu sehen. Außerdem befindet sich in dem Gebäude die Touristeninformation, wo man Touren zu den historischen Brazeau-Kohlegruben buchen kann, und das Miner's Café, das Einheimische wegen seiner selbstgemachten Pies sehr empfehlen.

Ende 2018 hat Alberta einen Plan unterbreitet, im Bighorn Country bei Nordegg acht Gebiete in Parks umzuwandeln, um sie unter Schutz zu stellen und für Tourismus und Freizeit attraktiver zu machen. 40 Millionen Dollar will das Land in den Ausbau der Infrastruktur, etwa in Zeltplätze, stecken – und damit langfristig quasi ein zweites Kananaskis schaffen. Am David Thompson Highway könnte sich in den nächsten Jahren also viel verändern.

Info

Lage: Nordegg Heritage Centre, 1002 Stuart Street, Nordegg, AB T0M 2H0. Die weiteren Sehenswürdigkeiten liegen am Highway 11 zwischen Saskatchewan River Crossing (Banff National Park) und Nordegg bzw. sind an diesem ausgeschildert, GPS: Landslide

Lake Interpretive Fire Trail 52.002361, -116.499056, Crescent Falls 52.387889, -116.355833, Nordegg Heritage Centre 52.475361, -116.071444

Anfahrt: Der Parkplatz am Fire Trail liegt nördlich des Highway 11. Auf Schilder mit der Aufschrift „Landslide Lake Trail" achten. Die Abbiegung zu den Crescent Falls vom Highway 11 ist mit einem blau-weißen Schild gekennzeichnet. Zum Museum vom Highway 11 bei Nordegg rechts in die Stuart Street abbiegen und ihr für 1,1 km bergauf folgen. Das Museum befindet sich auf der rechten Seite in einem auffälligen, mehrstöckigen Gebäude. Parkplätze gibt es an der Seite.

Öffnungszeiten: Crescent Falls vom 1. Mai bis 14. Oktober, Nordegg Heritage Centre: 19. Mai bis 26. August, täglich 9 bis 17 Uhr. Touren zu den Kohlegruben täglich von Mai bis Anfang September.

Aktivitäten: wandern, fotografieren, Tiere beobachten, Museum

Unterkünfte:

- Two O Clock Creek Campground, kleiner Zeltplatz am Rand der Kootenay Plains mit toller Aussicht, geöffnet vom 1. Mai bis 13. Oktober, 26 Stellflächen für Zelte und Wohnmobile (kein Strom, Trinkwasser ist mitzubringen), Registrierung vor Ort, 27 CAD (Feuerholz inklusive), Tel.: +1 403 721 3975, albertaparks.ca/parks/central/kootenay-plains-pra/information-facilities/camping/two-o-clock-creek
- Crescent Fall Campground, kleiner Waldzeltplatz mit 7 Plätzen nur für Zelte, 22 Plätzen, die auch für Wohnmobile geeignet sind, und 2 Reiter-Stellplätzen, Feuerplätze und Trockentoiletten vorhanden, Trinkwasser ist mitzubringen, kein Strom, geöffnet vom 1. Mai bis 8. Oktober, Registrierung vor Ort, 32 CAD, Tel.: +1 403 721 3975, albertaparks.ca/parks/central/crescent-falls-pra/information-facilities/camping/crescent-falls
- weitere Unterkünfte unter davidthompsoncountry.ca/listings_category/accommodation

Webseiten:

- davidthompsoncountry.ca
- nordeggliving.ca

Hinweise:

- Bärenspray nicht vergessen.
- Die Felsen entlang der Crescent Falls können rutschig sein. Der Abstieg zum Fuß des oberen Crescent Fall ist nicht ungefährlich und geschieht auf eigene Verantwortung – Trittsicherheit und Schwindelfreiheit sind Voraussetzung.

33. Am Abraham Lake

Für die Verhältnisse in den Rocky Mountains ist der See im Bighorn Country eine wirklich große Nummer. Umso mehr Platz bietet er zur Entspannung an seinen endlosen Ufern.

Wer auf dem David Thompson Highway am Abraham Lake entlang fährt, fühlt sich fast an einen der oberitalienischen Seen versetzt: graue Bergriesen säumen das Westufer und den Süden, sanfte Hügel das Ostufer. An der Küste schlängelt sich die Panoramastraße (siehe Seite 155) durch Wälder und Graslandschaften, vorbei an Felsen und Steinstränden. Das Wasser ist türkisblau, weil der North Saskatchewan River Gletschersedimente hineinspült. Dabei ist der Abraham Lake künstlich. Er entstand erst 1972, nachdem der Fluss zur Stromgewinnung angestaut wurde, und ist heute der größte menschengemachte See Albertas – und ein oft übersehenes Juwel.

Die fantastische Sicht von der Windy Point Ridge

Ein nettes Detail für alle, die *self-contained* unterwegs sind, also ein Bad in ihrem Wohnmobil haben, ist, dass der See und seine Umgebung auf öffentlichem Grund liegen. Dort ist es erlaubt, auf Freiflächen kostenlos zu campen. Das funktioniert natürlich nur, wenn sich alle an die Regeln halten. Dann aber steht dem nichts entgegen, Zelt oder Wohnmobil an den Wunschplatz zu stellen und ein paar Dutzend Meter weiter ins kühle Wasser zu springen. Ein solcher Platz befindet sich beispielsweise am Preacher's Point, wo der Fluss in den See übergeht. Das ist auch einer der Anlaufpunkte für ein Winterphänomen, das zunehmend Fotografen anlockt: Organisches Material am Grund des Sees produziert beim Verfall Methangas. Wenn die See-Oberfläche zufriert, werden die Gasblasen im Eis eingeschlossen und werden dadurch sichtbar.

Einer der schönsten Aussichtspunkte, von dem aus man den Abraham Lake fast in seiner gesamten Länge überblicken kann, ist die Windy Point

Camp am Preacher's Point

Ridge. Etwa auf halber Strecke der Uferstraße ragt an dieser Stelle ein felsiger Grat in den See hinein. Der Highway wurde sogar mitten durch den Fels gefräst. Rechter Hand danach liegt ein Parkplatz, von dem aus man hinab zum Wasser spazieren kann. Der Blick auf den Mount Michener (2545 m) gegenüber ist bereits von hier fantastisch. Wer noch etwas mehr Überblick wünscht, kann auf der Ridge höher wandern. Dazu quert man den Highway an der Einfahrt zum Parkplatz. Auf der anderen Seite führt links ein schmaler Pfad über eine Wiese hinauf auf den Felsen über der Straße, nach rechts und dann immer höher am Kamm entlang. Das abgeschliffene Gestein, das mehr und mehr den Untergrund bestimmt, ist sehr glatt und mitunter steil. Wer keine Ausrüstung (etwa Stöcke und Handschuhe) und keine Erfahrung mit dem Kraxeln in den Bergen hat, sollte nicht weiter als bis zu einer Bank auf einem flachen Vorsprung aufsteigen. Bereits von hier hat man eine weite Sicht auf den See und die Landzunge unter einem sowie nach rechts auf den Küstenhighway.

Eine tolle Badestelle und ein Bachbett zum Erkunden warten am Allstones Creek nahe dem nördlichen Ende des Sees. Vom Parkplatz aus muss man zunächst am Straßenrand ein Stück zurück gehen, um auf die andere Seite

Die Badebucht am Allstones Creek

der Klamm zu kommen. Links gelangt man dann hinab zum See, rechts der Straße führt ein Pfad hinunter zum Allstones Creek. Wer nasse Füße nicht scheut, kann bis zu 2,25 Kilometer in die Schlucht hineinwandern, wo ein Wasserfall wartet. Dabei muss der Bach jedoch mehrfach überquert werden. Einen befestigten Weg gibt es nicht. Aber auch ein kurzer Blick um ein paar Ecken lohnt sich: Denn die Felswände links und rechts des Bachbettes leuchten in verschiedenen Orange-, Rot- und Brauntönen. Die verschiedenen Gesteinsschichten sind schräg bis beinahe hochkant aufgerichtet. Zurück auf der Straße ist der Blick über die Bucht und den See zu den Rockies auch etwas fürs Fotoalbum.

Info

Lage: Am Highway 11, Beginn etwa 33 km östlich des Saskatchewan River Crossing am Icefields Parkway im Banff National Park, Ende etwa 28 km westlich von Nordegg, GPS: Preacher's Point 52.090556, -116.425111, Windy Point Ridge 52.255361, -116.392889, Allstones Creek 52.291333, -116.374056

Anfahrt: Preacher's Point liegt 32 km vom Saskatchewan River Crossing entfernt auf der rechten Seite des Highway 11. Eine große Infotafel markiert die Einfahrt. 23 km weiter führt die Straße durch eine enge Stelle mit Felswänden zu beiden Seiten. Direkt nach dem Ende der Felswand biegt rechts eine Schotterstraße ab. Sie führt um die Kurve auf den Parkplatz am Windy Point. 4,3 km weiter überquert die Straße den Allstones Creek. Direkt danach biegt rechts eine Straße ab zu einem Parkplatz mit Infotafeln. Wer nur zur Badestelle will, kann auch kurz vor der Querung des Creek rechts auf eine Schotterstraße abbiegen und dort parken.

Aktivitäten: campen, wandern, baden, fotografieren

Unterkünfte:

- Aurum Lodge, ökologisch nachhaltig betriebene Unterkunft am Ufer des Abraham Lake mit Lodge-Räumen (ab 129 CAD) und Ferienwohnungen (ab 149 CAD), Frühstück inklusive, Besitzer sprechen Deutsch, ungefähr auf halber Strecke zwischen dem Saskatchewan River Crossing und Nordegg, 374021 Highway AB-11, Cline River, Nordegg, AB T0M 2H0, Tel.: +1 403 721 2117, E-Mail: info@aurumlodge.com, aurumlodge.com/german/german.htm
- David Thompson Resort, große Ferienanlage oberhalb des Sees bei Cline River mit Restaurant, Laden und sogar einer Hochzeitskapelle, 108 Campingstellplätze mit oder ohne Wasser- und Strom-anschlüsse 25 bis 50 CAD, hat auch *cabins* und Hotelzimmer, Highway 11 bei Cline River, Nordegg, AB T0M 2H0, Tel.: +1 403 721 2267, E-Mail: info@davidthompsonresort.com, davidthompsonresort.com

Webseiten:

- travelnordegg.com/travel_nordegg_lakes_rivers.html
- alltrails.com/trail/canada/alberta/windy-point-ridge
- albertawow.com/hikes/Allstones_Creek_Hike/Allstones_Creek.htm

Hinweise:

- Es gibt keinen Handyempfang am See.
- Bärenspray beim Wandern nicht vergessen.
- Beim Campen auf öffentlichem Grund (*public land use zones*) gilt: Nicht länger als 14 Tage bleiben, Müll mitnehmen, keine Bäume absägen, Lagerfeuer löschen, wenigstens 30 m Abstand von Bächen oder Seen. Toiletten gibt es hier nur selten. Ein Loch zu graben und Toilettenpapier einzupacken hilft, die Landschaft frei von Müll zu halten.
- Im Winter ist es von größter Wichtigkeit, sich zu vergewissern, dass das Eis dick genug ist, um es zu betreten. Im Zweifel sollte man eine geführte Tour zu den Eisblasen buchen.

34. Kanadas Nationaltier bei der Arbeit

Am Stadtrand von Hinton, in den Tümpeln und Teichen am Maxwell Lake, lebt eine Gruppe von Bibern. Von Kanadas längstem Bretterweg aus lassen sie sich beim Fressen und Bauen beobachten.

Ein ausgewachsener Kanadischer Biber wiegt um die 20 Kilogramm, ist etwa 74 bis 90 Zentimeter lang und hat einen 20 bis 35 Zentimeter langen, flachen Schwanz. Das Nagetier, das teilweise im Wasser lebt, wurde bereits von den Ureinwohnern Nordamerikas wegen seines Fleisches und Felles gejagt. Für die europäischen Einwanderer wurde der Verkauf von Biberfellen zu einer wichtigen Handelsgrundlage in dem jungen Land. Heute erinnert Kanada auf seiner 5-Cent-Münze an die wichtige Rolle des Bibers.

In Hinton, 82 Kilometer nordöstlich von Jasper, befindet sich die wohl beste Möglichkeit, das kanadische Symboltier in Aktion zu erleben. Eine Kolonie von Bibern lebt seit über 20 Jahren am südlichen Stadtrand. 2006 hat die 10.000-Einwohner-Stadt dort gemeinsam mit Freiwilligen und Unternehmen ein Netzwerk von Holzwegen und -brücken errichtet, das Besuchern einmalige Beobachtungen erlaubt: den Beaver Boardwalk, oder Beebo, wie die Einheimischen sagen.

Abends aktiv: Die Biber

Da Biber nachtaktiv sind, sollte man einen Besuch am frühen Morgen oder kurz vor Sonnenuntergang einplanen. Vom Parkplatz braucht man nur rund 100 Meter auf den Bretterwegen in das Feuchtgebiet hineinzulaufen und steht vor beeindruckenden Biberdämmen. In der Mitte des Teiches erkennt man einen Biberbau. Nun gilt es Augen und Ohren zu spitzen: Wellen auf der ruhigen Wasseroberfläche kündigen einen schwimmenden Biber an, Platschen einen untertauchenden und Luftbläschen einen auftauchenden. Beobachten kann man beispielsweise, wie sie nach Erdklumpen tauchen, um damit

Holzplanken führen über Bäche und Seen.

die Dämme weiter abzudichten. In Richtung Maxwell Lake, wo viele Wassergräser stehen, kann man sie auch fressen sehen.

Die Kolonie wird im Herbst durch die Stadt mit Zitterpappelstämmen versorgt, da sie für ihre Ernährung im Winter unersetzbar sind. Für die kalte Jahreszeit legen Biber einen Vorrat unter Wasser an, von dem sie leben, wenn die Wasseroberfläche zufriert. Sind in der Nähe ihres Unterschlupfes keine Pappeln mehr vorhanden, ziehen die Tiere normalerweise weiter. Deshalb haben sich die Verantwortlichen in Abstimmung mit Biologen darauf verständigt, die Biber saisonal zu füttern. So hoffen sie auch zu verhindern, dass die Tiere an Bäumen in der Nähe der Wege nagen und die fallenden Bäume zum Sicherheitsrisiko werden. Die Stadt weist aber darauf hin, dass es sich weiterhin um wilde Tiere handelt.

Bei einem Spaziergang auf dem Beaver Boardwalk, der insgesamt drei Kilometer lang ist, ist es außerdem möglich, auch andere Tierarten anzutreffen. Bisamratten fühlen sich in den Teichen ebenfalls wohl. Sie sind kleiner und schmaler als die Biber und haben keinen auffällig breiten Schwanz. Zudem haben Vogelkundler rund 120 Vogelarten erfasst. Vor allem im Mai und Juni sind die Beobachtungschancen gut, wenn die Zugvögel hier Rast machen und die heimischen Vögel brüten. Informationen über die Tiere und ihre Verhaltensweisen bieten die zahlreichen Infotafeln entlang des Weges.

Nicht zuletzt ist der Beaver Boardwalk eine tolle Gelegenheit, sich auf den schönen, einfachen Wegen die Beine zu vertreten. Blühende Wasserpflanzen und der angrenzende Wald sorgen für eine idyllische Umgebung. Nach Südwesten zweigen Wege entlang des Happy Creek ab – eine Option für eine längere Wanderung (Bärenspray mitnehmen), nach Südosten gelangt man zum nahen Hinton Bike Park. Die Wege sind in der Regel gut ausgeschildert.

Einheimische und Firmeninhaber haben den Boardwalk 2006 erbaut.

Info

Lage: einige Straßen-Parkplätze ringsum 408 Collinge Road, andere am Reimer Drive in Hinton, AB T7V 1L1, GPS: Parkplatz Collinge Road 53.386878, -117.590114

Anfahrt: Aus Richtung Jasper kommend auf dem Yellowhead Highway 16 bleiben, nach der Husky-Tankstelle rechts in die Mountain Street abbiegen, nach 1,4 km rechts abbiegen in die Collinge Road. 250 m weiter befinden sich links in der Sutherland Avenue einige Parkplätze. An der Kreuzung Mountain Street/Collinge Road hält auch stündlich (außer sonntags) ein Bus.

Aktivitäten: Fotografie, Vogel- und Tierbeobachtung, Spaziergang

Unterkünfte:

- Wolfden Suite, private Ferienwohnung (100 CAD pro Tag) und

Gästezimmer (75 CAD) für insgesamt 7 Gäste, Garten mit Grill und Feuerstelle, Gastgeber sprechen deutsch, ganzjährig verfügbar, 108 Moberly Drive, Hinton, AB T7V 1L1, Tel.: +1 780 817 2562, E-Mail: info@wolfdensuite.com, wolfdensuite.com.

- große Auswahl an Campingplätzen, Hotels und Inns in Hinton, hinton.ca/235/Accommodations-Camping

Webseite: hinton.ca/852/Beaver-Boardwalk

Hinweise: Im Herbst 2018 waren einige der Brücken am Maxwell Lake wegen Bauarbeiten gesperrt. Der Zugang zu den Biberdämmen soll aber weiter möglich sein. Auch der Aussichtsturm ist derzeit aus Sicherheitsgründen geschlossen, ein Termin zur Reparatur stand 2018 noch nicht fest.

35. Alle paar Monate neu: Das Northern Rockies Museum

Was die Besucher in der neuen Einrichtung in Hinton erwartet, ist bei jedem Besuch anders. Denn zum Konzept im ehemaligen Bahnhof gehören Wechselausstellungen. Garantiert ist jedoch, dass man es mit allerlei Geschichten aus der Region verlässt.

Wie an vielen ländlichen Bahnstrecken in Deutschland haben auch die Bahnhofsgebäude in Kanada oftmals ihre Funktion verloren. In Hinton, am Rand der Rockies, wurde dem Bahnhof jedoch neues Leben eingehaucht. Das Holzhaus war 1911 von der Grand Trunk Pacific Railway erbaut und zuletzt als Bahnbetriebswerk genutzt worden. Nachdem es nicht mehr gebraucht wurde, hat man es 2003 von der Bahnstrecke an die heutige Stelle versetzt. Die Hinton Historical Society – ein gemeinnütziger Verein, der sich der Geschichte des Ortes widmet – hat den Bahnhof seither mit Liebe zum Detail renoviert. Im Mai 2017 öffnete darin das Northern Rockies Museum of Culture and Heritage erstmals seine Türen für Besucher.

Vom Kontrollraum zum Museum

Die ursprüngliche Funktion der Räume ist noch anhand von Beschriftungen abzulesen, und die Geschichte der Eisenbahn ist ein Thema im Museum – aber bei Weitem nicht das einzige. Auch mit besonderen Aspekten aus der Industriegeschichte und dem Kommunikationswesen, aus Flora und Fauna sowie aus der Geschichte der Ureinwohner, Siedler und Entdeckungsreisenden sollen sich die Ausstellungen befassen. Das Ungewöhnliche an dem kleinen Museum ist, dass keine zwei Besuche gleich sind. Denn jeder der vier Räume wird alle acht bis zehn Monate komplett umgestaltet. Im Sommer 2018 erfuhren die Besucher beispielsweise jede Menge über die Forschungsreisen des schottischen Botanikers Thomas Drummond von 1825 bis 1826, der viele Pflanzen und Tierarten in den Rockies benannt hat, eine Reihe außergewöhnlicher Frauen, die Bedeutendes in der Region geleistet haben, die Einwohnerstatistik Hintons im

Vergleich zum Rest des Landes sowie die Erschließung der Region durch die Eisenbahn. Die neueste dieser vier Ausstellungen, Women of the Yellowhead, läuft im April 2019 aus.

Was danach zu sehen sein wird, legt der Geschichtsverein nicht allein fest: „Wir fragen die Einwohner, was sie im Museum sehen möchten, und beziehen das in die Entscheidung ein", erklärt Programmleiterin Madison Sharman. Danach ist es an ihr, die jeweilige Mini-Ausstellung zum Thema zu entwerfen. Für die nächsten Jahre plant sie unter anderem eine Zeittafel der Region inklusive Jasper sowie kleine 3D-Modelle, die Ereignisse aus der Geschichte darstellen – mehr kann sie noch nicht verraten. Besucher können sich also überraschen lassen (oder auf der Webseite die aktuellen Themen herausfinden). Die ersten Mini-Landschaftsbilder aus Hinton waren im Herbst 2018 bereits in Arbeit.

Auf jeden Fall erwarten die Museumsgäste modern gestaltete Infotafeln, interaktive Elemente, historische Erinnerungsstücke und – je nach Thema – auch Technik zum Anfassen. Kindgerechte Rätsel oder Spiele runden die Ausstellungen ab. Auf Anfrage sind auch Touren möglich, auch mit besonderem Fokus auf Kinder verschiedenen Alters. Auch ein kleiner, handverlesener Souvenirladen schließt sich an das Museum an.

Am Außengelände, wo unter anderem ein alter Eisenbahnwaggon steht, wird noch gearbeitet. Unter anderem haben die engagierten Museumsmacher angefangen, auf einem Teil des Hügels einen Garten mit Heilpflanzen der Ureinwohner anzulegen, den sie künftig für Lehrveranstaltungen nutzen wollen, erzählt Sharman. Für 2019 ist laut der Programmleiterin außerdem geplant, einem Garten mit gentechnisch veränderten Pflanzen einen anderen ganz nach Tradition der 1920er-Jahre gegenüberzustellen.

Der ehemalige Bahnhof steht nun auf einem Hügel.

Info

Lage: 225 Gregg Avenue, Hinton, AB T7V 2B7, GPS: 53.401003, -117.584461

Anfahrt: Aus Jasper kommend auf dem Yellowhead Highway bleiben, 500 m nach dem Visitor Centre in Hinton liegt das Museum an einem Hang auf der rechten Straßenseite. Dazu rechts in die Timber Street und gleich wieder links in die Gregg Avenue abbiegen, die parallel zum Highway verläuft. Parken ist an der Straße möglich. Der Eingang befindet sich auf der anderen Seite des Gebäudes, ein Pfad führt nach oben.

Im Außengelände steht ein alter Waggon, ein Garten soll angelegt werden.

Öffnungszeiten: dienstags bis samstags von 9 bis 17 Uhr

Eintritt: Kinder (ab 4 J.) 2 CAD, Jugendliche 3 CAD, Erwachsene 5 CAD, Tel.: +1 780 801 2643

Webseite: northernrockiesmuseum.com

Unterkünfte: Jasper Gates Resort, schön gestaltete Ferienanlage 10 Min. außerhalb der Stadt am Fuß des Folding Mountain gelegen, traditionelle Holzbungalows ab 183 CAD, Motelzimmer ab 119 CAD, 100 Stellplätze für RVs und Zelte zwischen 30 und 51,50 CAD, 49323 Yellowhead Highway, Yellowhead County, AB T7B 1X1, Tel.: +1 855 780 3737, E-Mail: reservations@jaspergates.ca, jaspergates.ca

36. Roadtrip 2: Auf der Coal Branch Route zur Cardinal Divide

Die Einheimischen von Hinton und Umgebung nennen es ihren Hinterhof: Einen Ort, wo sie selbst als Kinder die Natur genossen haben und an den sie heute mit ihren Enkeln zurückkehren. Es gibt immer noch Kohlebergbau südlich der Stadt, aber auch Wanderwege und *wildlife*.

Dieser Ausflug von Hinton führt 80 Kilometer weit in die Wildnis, genauer gesagt in den Whitehorse Wildland Provincial Park. Eine abgelegene Region im Osten der Rockies – direkt neben dem Jasper National Park. Das Ziel ist ein Pass mit einem grandiosen Panorama: die Cardinal Divide. Die Schotterstraße dort hinauf ist nicht einfach zu fahren, aber auch nicht langweilig. Jede Menge Bergbaugeschichte liegt an der Strecke, und wilde Tiere zu sehen ist keine Seltenheit.

Abenteuer Coal Branch Route

Es dauert nicht allzu lange, nachdem man Hinton verlassen hat, bis die Aussicht grandios wird. Erst verläuft der Highway 40 parallel zu den vorderen Bergketten der Rockies, doch dann macht er eine Kurve und fährt direkt auf sie zu. Vor allem in den Morgen- und Abendstunden sollte man nach Tieren Ausschau halten: Bären und Wölfe, aber auch Wapitis und Dickhornschafe leben in dem Gebiet. Nachdem der Asphalt endet, führt die Schotterstraße durch einen Tunnel, auf dessen anderer Seite häufig Dickhornschafe anzutreffen sind. Wenig später kann man von einem Parkplatz ein Stück bergauf einen Blick auf einen aktiven Kohletagebau werfen. Nachfahren eines Mannes, der in dem inzwischen verschwundenen Dorf Luscar in diesem Tal gelebt hat, haben dort eine Bank aufgestellt. Laut seiner Tochter hat er die Berge sein Leben lang geliebt – in dieser Gegend sind Kohlebergbau und Liebe zur Natur keine Widersprüche.

An der T-Kreuzung wenig später biegt der Highway 40 links ab, diese Route aber führt nach rechts. Ein Großteil der Minen ist inzwischen

Außen und innen urig: Der Laden in Cadomin

stillgelegt, auch davon erzählen die Orte entlang der Straße. Das Dörfchen Cadomin zum Beispiel war einst eine geschäftige Bergbaustadt, die 1931 noch 1700 Einwohner hatte. Heute sind es um die 40. Wer mehr erfahren will, für den ist der *general store* ein guter Anlaufpunkt. Denn in dem Laden gibt es nicht nur Essen, Eis und kalte Getränke, sondern auch eine Sammlung schrulliger Erinnerungsstücke und Zeitungsausschnitte. Nach dem Ortsausgang fährt man an einem geschlossen Mineneingang vorbei.

Nun folgt die Straße dem Verlauf des McLeod River, der an der Cardinal Divide entspringt. Sechs Kilometer nach Cadomin passiert man den Whitehorse Wildland Provincial Park: Wanderwege führen von hier zu Wasserfällen und bis in den Jasper National Park, aber nicht an einem Tag. Verbogene Schienen und zerstörte Brücken künden wenig später im Flusstal zur linken Seite von wirtschaftlich besseren Zeiten. Knapp zehn Kilometer weiter fehlt ein ganzes Dorf: In Mountain Park haben einst 1000 Menschen gewohnt, bis 1950 die Mine geschlossen wurde – heute ist nur noch der Friedhof übrig.

Der Friedhof von Mountain Park

Auf den nächsten fünf Kilometern überquert die Straße zweimal den

Fluss, dann beginnt der finale Aufstieg. Dort erwartet den Fahrer ein felsiger, unebener Untergrund, den man mit Geduld und Konzentration aber mit heilen Reifen überstehen kann. Oben am Parkplatz kündet ein Schild vom Erreichen der Cardinal Divide auf 1981 Metern über Null. Der Blick auf Tripoli Mountain, Cheviot Mountain und Prospect Mountain im Westen ist bereits von hier beeindruckend, noch besser ist er vom Kamm gegenüber. Es sind nur 1,5 Kilometer bis hinauf und der Weg ist einfach zu finden. Häufig lassen sich oben am Grat Murmeltiere beobachten. Nach rechts führt ein ebener Weg weitere zwei Kilometer zur höchsten Stelle auf 2220 Metern, von wo aus der Blick zurück entlang der Kante unvergleichlich ist. Auch den zweiten aktiven Tagebau kann man von hier beobachten, in alle anderen Richtungen aber liegt für viele Kilometer nichts als Wildnis.

Einmalige Aussicht vom höchsten Punkt des Kamms an der Cardinal Divide

Info

Lage: Knapp 80 km südlich von Hinton an der Grave Flats Road gelegen, GPS: Cardinal Divide Wanderparkplatz 52.894692, -117.247761

Anfahrt: Vom Visitor Centre in Hinton (309 Gregg Ave), wo man sich Informationen zum aktuellen Straßenzustand holen kann, nach links auf den Highway 16 Richtung Jasper abbiegen. Nach 4,6 km der Ausschilderung Cadomin/Highway 40 South folgen und links abbiegen. Für 47,7 km auf dieser Straße bleiben. An der T-Kreuzung rechts abbiegen. Nach weiteren 22,5 km ist der Parkplatz an der Cardinal Divide erreicht. Die Kohletrucks nutzen großteils eine Parallelstraße, dennoch sollte man die Augen nach ihnen offen halten – sie haben Vorfahrt. Schon vor Cadomin wird aus der Asphaltstraße eine Schotterstraße, deren Zustand wetterabhängig ist. In der Regel ist sie ohne Geländewagen befahrbar, wenn man Schlaglöchern und Steinen ausweicht. Auf den letzten Kilometern vor der Cardinal Divide wird der Untergrund sehr steinig, uneben und steil – hier ist besondere Vorsicht geboten.

Aktivitäten: wandern, *wildlife* beobachten, Bergbaugeschichte kennenlernen

Unterkünfte:

- Whitehorse Creek Campground, 6 km südlich von Cadomin, einfacher Zeltplatz am gleichnamigen Bach, Zugang zu den Wanderwegen des Whitehorse Wildland Provincial Park, 26 Stellplätze, Feuerschalen, Wasserpumpen und Trockentoiletten vorhanden, Trinkwasser sollte mitgebracht werden, geöffnet vom 1. Mai bis 31. Oktober, 11 CAD, Range Road 240, Cadomin, AB T0E 0E0, Tel.: +1 780 865 2154, albertaparks.ca/parks/central/whitehorse-creek-pra/information-facilities/camping/whitehorse-creek
- Cadomin Motel, Gasthaus mit 8 Zimmern für 2 bis 6 Personen, 5 davon mit voll ausgestatteter Küche, Preise auf Anfrage, 4812 54th Ave, Cadomin, AB T0E 0E0, Tel.: +1 780 692 3663, E-Mail: cadominmotel@gmail.com, cadominmotel.com
- Weitere Unterkünfte in Hinton (siehe Seite 169)

Webseite: albertaparks.ca/parks/central/whitehorse-wpp/information-facilities/trails/cardinal-divide-east/

Hinweise:

- Handyempfang ist nicht vorhanden.
- Eine Tankstelle gibt es nach Hinton nicht mehr.
- Beim Wandern sollte man Bärenspray dabeihaben.

37. Am Fuße der Berge zwischen Hinton und Jasper

Wildhorse und Kinky Lake sowie die Straße nach Brûlé bieten eine tolle Sicht auf die östlichsten Bergketten der Rockies. Sie sind alle nur eine kurze Ausfahrt von Hinton entfernt.

Nach einigen Tagen in der Wildnis der Berge kann sich selbst eine Stadt wie Hinton mit all ihren Einkaufszentren und dem vielen Verkehr zu groß, zu geschäftig und zu laut anfühlen. Zum Glück gibt es gleich in der Nähe ein paar Fluchtmöglichkeiten, wo man spazieren, picknicken oder auch zelten kann, ohne dass ständig Autos vorbeirauschen. Die Berge am Eingang des Jasper National Park gibt es als Kulisse dazu.

21 Kilometer südwestlich der Stadt, im flachen, weiten Tal des Athabasca River, liegen fünf kleine Seen: Peach, Kinky und Kia Nea Lake sowie die beiden Wildhorse Lakes. Kinky Lake und der größere Wildhorse Lake sind erschlossen und trotz sehr holpriger Zufahrtsstraße auch ohne Geländewagen erreichbar. An beiden gibt es kleine, idyllisch gelegene Campingplätze, am Wildhorse Lake außerdem einen Picknickplatz. Um den See führt ein kurzer Rundweg, der einen an Sommerwochenenden, wenn auch die Einheimischen gern zum Grillen herkommen, zu ruhigeren Stellen am Ufer bringen kann.

Der Wildhorse Lake

Freizeitmöglichkeiten gibt es in dem Areal viele: Von einem Steg und einer Zufahrtsstraße kann man ein Boot ins Wasser lassen, auf dem Kinky Lake sind dabei nur elektrisch angetriebene Motoren erlaubt. Beide Seen sind außerdem bei Anglern beliebt, da sie regelmäßig mit Bachsaiblingen, See- und Regenbogenforellen bestückt werden. Fischputzstationen stehen am Ufer bereit. Im Frühling und Herbst zieht das kleine Seengebiet Zugvögel auf ihrer Migration nach Norden bzw. Süden an. Wasservögel lassen sich zu jeder Jahreszeit beobachten und fotografieren.

Der Hauptanziehungspunkt aber ist der freie Blick über die Seen auf die Rockies: Zur linken Seite, den Seen am nächsten, erhebt sich der Folding Mountain (2844 m). Dahinter sieht man an klaren Tagen den 2134 Meter hohen Roche à Perdrix (zu deutsch Rebhuhnfelsen), der genau am Eingang zum Jasper National Park liegt und zur Fiddle Range gehört, sowie den Roche Miette (2377 m) mit seiner prägnanten, nahezu geraden Felswand. Zur rechten Seite erstreckt sich die Boule Range mit Mount Kephala (2429 m) als höchste Erhebung.

Einen Ausblick auf diese vorderen Bergketten der Rockies, aber aus einer anderen Perspektive mit dem Athabasca River im Vordergrund, hat man auch von der Brûlé Road: Sie führt in das winzige Dorf Brûlé am Westufer des gleichnamigen Sees. Von der einst boomenden Bergbaustadt mit Theater, Schule, Krankenhaus und Golfplatz, ist heute, rund 100 Jahre später, kaum noch etwas übrig. Keine 50 Menschen leben noch in dem Dorf. Reisende machen sich vor allem auf den Weg hierhin, um in den Rock Lake-Solomon Creek Wildland Park zu gelangen, wo Wanderwege durch einen Canyon und zu einem Wasserfall führen. Die Zugangsstraße von Brûlé zum Canyon gilt aber als anspruchsvoll und nur mit einem Allradfahrzeug zu bewältigen. Wer diese Ecke erkunden will, sollte sich ausführlich über die aktuellen Bedingungen informieren, zum Beispiel im Visitor Centre in Hinton (309 Gregg Ave).

Im Frühjahr: Rastplatz für Zugvögel

Wer aber nur auf der Suche nach einem Picknickplatz mit einmaliger Aussicht ist, kann von Hinton aus ein Stück entlang des Athabasca River Richtung Brûlé fahren. Kurz bevor die (hier noch asphaltierte) Straße zum Brûlé Lake hin abfällt, wurde auf der linken Straßenseite ein neuer Aussichtspunkt angelegt. Schilder erzählen die Geschichte von David Thompson, der 1810 von hier aus eine Route über die Rockies suchte und fand, vom Jasper House (siehe Seite 148), das einst ganz in der Nähe am Ufer des Brûlé Lake stand, und von anderen interessanten Orten in der Umgebung.

Der Athabasca River mündet in den Brûlé Lake.

Info

Lage: Wildhorse und Kinky Lake liegen rund 25 km westlich von Hinton. Nach Jasper sind es von hier aus 64 km, der Eingang zum Nationalpark liegt rund 13 km entfernt. Zum Aussichtspunkt bei Brûlé am Athabasca River sind es etwa 26 km von Hinton, GPS: Wildhorse Lake-Parkplatz 53.270194, -117.788536, Aussichtspunkt Richtung Brûlé 53.341306, -117.812139

Anfahrt:

- Zu den Wildhorse und Kinky Lakes in Hinton auf dem Highway 16 Richtung Jasper starten. Nach rund 18 km (ein blau-weißes Schild kündigt den Abzweig an) rechts auf eine unasphaltierte Straße abbiegen, nach 2,4 km links abbiegen, rund 300 Meter weiter liegt der Kinky Lake auf der rechten Seite. Zum Wildhorse Lake sind es noch 2 km geradeaus.
- Zum Aussichtspunkt und nach Brûlé gelangt man, wenn man vom Highway 16 aus Hinton kommend Richtung Grande Cache auf den Highway 40 N abbiegt. Nach der Brücke über den Athabasca River links abbiegen und gleich wieder rechts auf die Brûlé Road. Der Aussichtspunkt liegt rund 8,5 km weiter an der linken Straßenseite.

Öffnungszeiten: Das Freizeitgebiet am Wildhorse Lake kann von 1. Mai bis 31. Oktober genutzt werden.

Aktivitäten: picknicken, campen, Boot fahren, angeln, wandern, Mountainbiking

Unterkünfte:

- Wildhorse Lake Campground, einfacher Zeltplatz mit Picknickbänken, Feuerstellen und Trockentoilette, Trinkwasser mitzubringen wird empfohlen, 22 Stellplätze, davon 3 exklusiv für Zelte, 23 CAD, Reservierung ab 5. Februar unter Tel.: +1 780 865 2154, albertaparks.ca/parks/central/wildhorse-lake-pra/information-facilities/camping/wildhorse-lake
- Kinky Lake Campground, 10 weitere Stellplätze für Zelte und Wohnmobile, albertaparks.ca/parks/central/wildhorse-lake-pra/information-facilities/camping/kinky-lake

Webseite: albertaparks.ca/parks/central/wildhorse-lake-pra

Hinweise:

- Zum Angeln ist eine Lizenz nötig, die man bei Sport-/Outdoor-Geschäften oder online bekommen kann, albertarelm.com/licensing.page.
- Beim Wandern ist auch in dieser Gegend Bärenspray nötig.

38. Wasser, Wandern und Wildlife: Der William A. Switzer Provincial Park

Keine halbe Stunde von Hinton entfernt liegt eine Reihe von fünf Seen im Vorgebirgsland. Umgeben von dichten Wäldern und feuchten Wiesen sind sie ein Refugium für die Tierwelt.

Eine Tafel im Infozentrum des William A. Switzer Provincial Park verrät, wo die Besucher in den vergangenen Tagen welche Tiere gesehen haben: Ein Schwarzbär am Highway 40, der quer durch den Park verläuft, außerdem Rehe, einen Elch ... Das 63 Quadratkilometer große Gebiet, das seit 1958 unter Schutz steht, bietet mit seinen Feuchtgebieten, Seen, Wäldern und der Nähe zum Hochgebirge ideale Lebensbedingungen für viele Tier- und Pflanzenarten. Allein 150 Vogelarten wurden in dem Park gezählt, darunter 13 Raubvogelarten wie Fisch- und Weißkopfseeadler, Streifen- und Bartkäuze und viele mehr. Zu den 30 Säugetierarten, die den Park frequentieren, gehören auch Wölfe, Kojoten, Bären, Biber und Otter.

Wanderung am Rand des Parks auf den Athabasca Lookout

Am Rand einer Lichtung am Highway 40 steht eine Plattform, die es den Besuchern erlaubt, durch Fenster auf die Wiese zu schauen – aber selbst von den Tieren nicht gesehen zu werden. Besonders zu Sonnenauf- und -untergang ist es einen Versuch wert, sich hier eine Weile auf die Lauer zu legen. Gelegentlich werden hier vor allem Rehe, Kojoten, Vögel und kleine Säugetiere gesichtet. Die Plattform erreicht man, indem man vom Highway 40 auf die Cache Lake Road Richtung Cache und Graveyard Lake abbiegt. Etwa 400 Meter weiter befindet sich auf der rechten Seite eine Parkbucht. Von dort sind es noch etwa fünf Minuten zu Fuß durch den Wald. Das Visitor Centre verleiht ein Set aus Infomaterial und Ferngläsern für die Tierbeobachtung.

Auch wer zu Fuß auf den zahlreichen Wegen im Park unterwegs ist, sollte die Augen offen halten. Eine Wanderung, die verschiedene Lebensräume passiert, ist der Friendly Vistas Trail. Der 2,5 Kilometer lange, einfache Rundweg startet am Besucherzentrum, ebenso wie der einen Kilometer lange Kelley's Bathtub Trail, den man wegen seiner grandiosen Aussicht

nicht verpassen sollte. Es bietet sich also an, beide Wege zu verbinden. Los geht es auf der Panoramaterrasse hinter dem Infocenter: Der Blick von hier auf Kelley's Bathtub, ein beinahe kreisrunder Teich, die Brücke dahinter, die man später überqueren wird, den Jarvis Lake und die Rockies am Horizont ist einmalig. Nach rechts führt der Weg nun einige Meter oberhalb des Ufers entlang zur Brücke. Auf der anderen Seite gelangt man links auf dem kurzen Weg zurück oder rechts auf den Friendly Vistas Trail, der, wie der Name sagt, weitere „freundliche Ausblicke" bietet. Bänke wurden an den schönsten Stellen aufgestellt, etwa am Jarvis Creek. Dort, wo der Bach in den gleichnamigen See fließt, stehen die Chancen gut, Wasservögel zu beobachten. Besucher haben hier auch schon Elche, Otter und Biber entdeckt. Vorbei an einem weiteren Aussichtspunkt auf eine Wiese gelangt man zurück zum Visitor Centre, wo Picknickbänke, Feuergrills und ein kleiner Strand zur Verfügung stehen.

Nach Falken und Adlern sollte man auf dem Athabasca Lookout Trail im Süden des Parks Aussicht halten, wenngleich die Motivation zu dem kurzen, steilen Weg für viele eine andere ist: Am Ende wartet ein Ausblick über das Joachim Valley auf die *front ranges* der Rockies. Der Weg liegt im Gelände des Hinton Nordic Centre, im Winter das Langlaufmekka der Region. Vom Parkplatz am Ende der Zufahrtsstraße beginnt die Wanderung auf einem breiten Fahrweg, von dem man weiter oben links auf einen Pfad abbiegt (ausgeschildert). Etwa 20 Minuten sollte man für den einen

Kelley's Bathtub und Jarvis Lake

Kilometer bis zum Ziel einplanen. Oben auf 1585 Metern angekommen, gibt es die Möglichkeit nach Norden weiter auf dem Bergkamm entlangzuwandern, den im Juli Wildblumen säumen.

Info

Lage: Das Visitor Centre liegt am Highway 40, GPS: 53.473003, -117.793200; der Parkplatz zum Athabasca Lookout Trail an der Athabasca Tower Road, GPS: 53.412833, -117.782667

Anfahrt: Von Hinton aus auf dem Highway 16 Richtung Jasper fahren. Nach fast 8 km rechts auf den Highway 40 N nach Grande Cache abbiegen und für 13,2 km folgen. Dann biegt links die Athabasca Tower Road ab, die am Hinton Nordic Centre vorbei nach 4,6 km am Wanderparkplatz endet. Zum Visitor Centre weitere 6,7 km auf dem Highway 40 nach Norden fahren, dann links auf den Parkplatz abbiegen.

Öffnungszeiten: Das Switzer Park Visitor Centre ist vom 29. Juni bis 30. September täglich geöffnet, die Kernzeiten sind 10 bis 17 Uhr, im September 12 bis 17:30 Uhr. Vom 1. Oktober bis 14. Mai ist es nur samstags und sonntags zwischen 11 und 16 Uhr geöffnet. Ab 14. Mai bis 28. Juni bleibt es nur dienstags geschlossen.

Aktivitäten: wandern, Fahrrad fahren, angeln, Boot fahren, campen, schwimmen (Sandstrand am Jarvis Lake), im Winter Skilanglauf und Schneeschuhwandern

Unterkünfte: Im Park gibt es 5 Campingplätze mit insgesamt 214 Stellflächen. Einige können vorher reserviert werden, für andere registriert man sich vor Ort (Kleingeld mitbringen). Gregg Lake Campground ist der größte und am besten ausgestattete – der Zeltplatz hat 83 Stellflächen mit Strom und 11 mit Strom und Wasser für Wohnmobile, außerdem 69 *unserviced sites*, Spielplätze, eine Arena für Abendprogramme und ein Duschhaus, 29 bis 43 CAD pro Nacht, Abbiegung vom Highway 40 N ist ausgeschildert, Tel.: +1 877 537 2757, albertaparks.ca/parks/central/william-a-switzer-pp/information-facilities/camping/gregg-lake

Webseite: albertaparks.ca/parks/central/william-a-switzer-pp

Hinweise:

- Beim Wandern Bärenspray mitnehmen.
- Sich den Tieren nicht nähern (100 Meter Mindestabstand bei Raubtieren, 30 Metern bei Wapiti, Reh, Elch und Co.) und auch nicht versuchen, sie mit Futter anzulocken.

39. Pierre Grey's Lakes: Ruhige Oase für Mensch und Tier

Der Pierre Grey's Lakes Provincial Park bei Grande Cache ist Kanada pur: Ein idealer Ort um im Wald zu zelten, am Ufer spazieren zu gehen, Fischadler in der Luft und Biber im Wasser zu beobachten, um eine Angelrute auszuwerfen und den Tag am Lagerfeuer ausklingen zu lassen.

Wasserreiher und viele andere Vögel leben an den Seen.

Pierre Grey hat sich definitiv eine schöne Ecke für seinen Handelsposten gesucht: Im Vorland der Rocky Mountains lebte er mit seiner Familie im späten 19. Jahrhundert zeitweise in selbst gebauten Blockholzhütten im Wald am Ufer des Moberley Lake. Er gehörte zu den Métis, Nachfahren von Ureinwohnern und Europäern, und handelte dort erfolgreich mit Pelzen und anderen Vorräten. 1918 fielen er und seine Frau Anne der Spanischen Grippe zum Opfer. Überreste der Hütten sind noch heute, ein Jahrhundert später, in dem nach ihm benannten Provincial Park zu finden.

Am Highway 40 zwischen Grande Cache und Hinton, an dem der Park liegt, kommt beides zusammen: Holzindustrie und Wildnis. Viele Lastwagen verkehren entlang der Strecke, doch parallel dazu verläuft die Grenze des Willmore Wilderness Park. Rentierherden wandern im Frühjahr und Herbst durch die Gegend, dann ist am Highway besondere Vorsicht angebracht. In dem nur 6,3 Quadratkilometer großen Pierre Grey's Lakes Provincial Park fühlt man sich der Wildnis ganz nah. Die nächste Stadt,

Grande Cache, ist fast 40 Kilometer entfernt – und Handyempfang gibt es auch keinen.

Wer nur auf der Durchfahrt einen schönen Platz zum Rasten sucht, kann am Eingang des Parks an der McDonald Day Use Area halten. Picknickbänke und eine Hütte zum Schutz vor Regen stehen bereit. Von hier aus führt ein 3,1 Kilometer langer Weg am McDonald Lake vorbei zu den Ruinen des Handelspostens. Oder man schlägt sein Zelt auf einem der weitläufigen, einfachen Naturcampingplätzen im Park auf und verbringt hier ein paar ruhige Tage. Von der Bootsrampe am Moberly Campground sind es dann nur 1,6 Kilometer zu Pierre Greys Handelsposten, immer am Ufer des Moberly Lake entlang. Dort sieht man die Fundamente zweier Blockhütten, die als Vorratskammern dienten und einen kleinen Friedhof. Schilder erzählen aus dem Leben des Pelzhändlers.

Ein Elchgeweih weist den Weg zur verlassenen Einsiedelei.

Insgesamt 48 Kilometer an Wanderwegen können zu Fuß, mit dem Rad oder im Winter auf Langlaufskiern erkundet werden. Viele davon führen an den Ufern der sehr klaren Seen entlang und bieten Ausblick auf die Hügel und Berge am Horizont. Ein Highlight ist die schmale Insel im Desjarlais Lake am Joachim Campground. Eine hübsche gebogene Brücke führt hinüber auf das bewaldete Eiland, an dessen anderem Ende oft Fischadler auf einem Baum brüten. Die Vögel beim Jagen im See zu beobachten – wie sie darüber kreisen, herunter stürzen und mit einem Fisch in den Krallen wieder auftauchen – ist nicht nur für Fotografen spannend.

Die Adler profitieren wie die Angler davon, dass die Fischbestände in den drei großen Seen aufgestockt werden: McDonald Lake und Desjarlais Lake mit Regenbogenforellen, Moberly Lake mit Bachsaiblingen. Fischputzstationen stehen zur Verfügung. Wer es sich an einem der Uferwege oder auf den Stegen der Bootsanleger bequem macht, kann mit etwas Glück und Geduld Fischreiher, Biber und Bisamratten erspähen. Viele Wasservögel nutzen die Seen als Rastplatz bei ihrer Migration im Frühjahr und Herbst, andere wie die Seetaucher, die auch auf den Ein-Dollar-Münzen abgebildet sind, gehören zu den heimischen Arten. In den Fichten- und Pappelwäldern leben Hasen, Eichhörnchen, Rehe, Wapitis und Elche. Nachts hört man in manchen Nächten die Kojoten heulen – und kann sich mit etwas Fantasie Pierre Greys Leben in der Wildnis vorstellen.

Ein Rundweg führt über die Insel im Desjarlais Lake.

Angler und Wassersportler finden zahlreiche Bootsstege.

Info

Lage: Pierre Grey's Lakes Road, Muskeg River, AB T0E 0Y0, GPS: Pierre Grey's Lakes Provincial Park Eingang 53.908156, 118.613656

Anfahrt:

- Von Grand Cache aus dem Highway 40 Richtung Hinton aus der Stadt folgen, nach rund 36 km links abbiegen in die Pierre Greys Lake Road.
- Von Hinton aus dem Highway 16 Richtung Jasper für 7,8 km folgen, dann rechts auf den Highway 40 nach Grande Cache abbiegen. Die Abzweigung zum Park kommt nach 102 km.

Öffnungszeiten: Die Campingplätze sind vom 16. Mai bis 9. Oktober geöffnet, der Park das ganze Jahr.

Aktivitäten: wandern, Fahrrad fahren, Boot fahren (keine Ausleihe vor Ort), angeln (Lizenz nötig, albertarelm.com), im Winter Skilanglauf

Unterkünfte: Zum Park gehören vier Campingplätze. Alle liegen im Wald zwischen den Seen, manche der insgesamt 83 Stellflächen sind nur wenige Meter vom Ufer entfernt. Sieben Stellplätze können nicht reserviert werden („*first come, first serve*"-Prinzip). Wanyandie, Moberly und Delorme Campground bieten Stromanschlüsse (33 CAD), der Joachim Campground hat keinen Strom, dafür einen Spielplatz und eine Hütte zum Kochen (26 CAD). Keine Spül-Klos, keine Duschen. Tel.: +1 877 537 2757, reserve.albertaparks.ca

Webseite: albertaparks.ca/parks/central/pierre-greys-lakes-pp

Hinweise: Im Park gibt es kein Trinkwasser, Vorräte (auch Lebensmittel) müssen also in Hinton oder Grande Cache aufgefüllt werden. Der Alberta-Parks-Kiosk am Parkeingang, wo auch die Registrierung für die Campingplätze möglich ist, verkauft Feuerholz. Es gibt Bären in der Gegend, also Bärenspray beim Wandern mitnehmen!

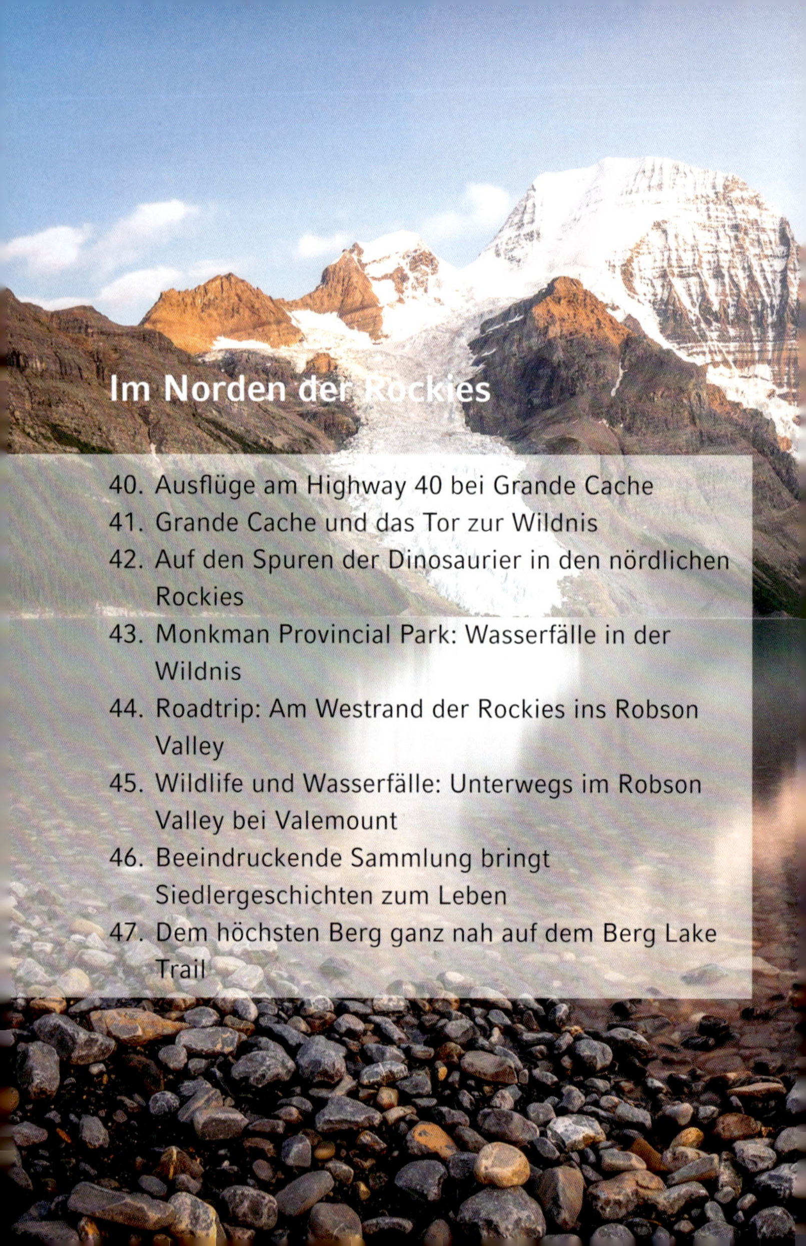

Im Norden der Rockies

40. Ausflüge am Highway 40 bei Grande Cache
41. Grande Cache und das Tor zur Wildnis
42. Auf den Spuren der Dinosaurier in den nördlichen Rockies
43. Monkman Provincial Park: Wasserfälle in der Wildnis
44. Roadtrip: Am Westrand der Rockies ins Robson Valley
45. Wildlife und Wasserfälle: Unterwegs im Robson Valley bei Valemount
46. Beeindruckende Sammlung bringt Siedlergeschichten zum Leben
47. Dem höchsten Berg ganz nah auf dem Berg Lake Trail

Sonnenuntergang am Berg Lake unterhalb des Mount Robson

Fort St John
Grimshaw
Fairview
Dawson Creek
Chetwynd
Mackenzie
42. Tumbler Ridge
Grande Prairie
44. Roadtrip: Westrand Rockies Robson Valley
43. Monkman Provincial Park
ALBERTA
40. Ausflüge Grand Cache
Prince George
41. Sulphur Gates und Willmore Wilderness
Willmore Wilderness Park
Hinton
BRITISH COLUMBIA
47. Mount Robson Provincial Park
Tête Jaune Cache
Jasper
45. Fraser River/Marschland Valemount
46. Valemount Museum
Jasper National Park
Wells Gray Provincial Park
Mica Creek
Williams Lake
Clearwater

40. Ausflüge am Highway 40 bei Grande Cache

Die Muskeg Falls sind von der Straße aus nicht zu sehen, aber nur einen kurzen Abstecher entfernt. Kurz vor dem Ort lädt außerdem ein See zum Sonnenbaden und Schwimmen ein.

Muskeg bedeutet Sumpfland, aber sumpfig ist der Weg zu den gleichnamigen Wasserfällen nicht – sich nasse Füße zu holen ist optional. Die Muskeg Falls liegen nur 1,2 Kilometer vom Highway 40 entfernt. Dort stürzt der Muskeg River etwa zwölf Meter in die Tiefe. Er hat sich im Laufe der Zeit tief in die Schlucht eingegraben und seine Spuren am felsigen Ufer hinterlassen. Einwohner empfehlen Besuchern die kurze Wanderung und machen selbst gern Ausflüge zu den Muskeg Falls, um dort zu picknicken – überlaufen ist der Weg jedoch eher selten. Und das, obwohl er zum wasserreichsten und beeindruckendsten Wasserfall bei Grande Cache führt.

Die Muskeg Falls

Der Weg beginnt an einer Parkbucht am Highway 40, nur wenige Fahrminuten von der Stadt entfernt. Schilder und meistens auch farbige Markierungsbänder kennzeichnen die Stelle, wo der Weg in den Wald eintritt. Er ist danach aber gut ausgetreten und daher einfach zu finden. Wer eine Stunde Zeit hat, kann Hin- und Rückweg in entspannter Geschwindigkeit angehen. Etwa die Hälfte der Strecke verläuft ebenerdig durch den Mischwald. Was dem Wanderer links und rechts des Pfades auffällt, ist der Waldboden: Wenn das Wetter stimmt, wachsen hier viele Pilze, darunter einige exotisch anmutende Exemplare, zudem Moose und Flechten.

Schließlich teilt sich der Weg. Links führt ein äußerst steiler Pfad hinab ins Flusstal stromabwärts des Wasserfalls. Trittsicherheit ist hierfür Voraussetzung. Auf keinen Fall sollte man zu nah an den Abgrund gehen – einige der Bäume wachsen bereits auf einem Überhang. Daraufweisen die Mitarbeiter des Besucherzentrums in Grande Cache hin. Auf Kinder und Hunde sollte man entsprechend ein wachsames Auge haben. Wer unten im Tal einen guten Blick auf die Fälle haben möchte, sollte noch etwas flussaufwärts gehen. Nach starken Regenfällen kann das jedoch unmöglich sein.

Platz zum Entspannen

Der rechte Weg folgt dem Hügel hinab, er ist deutlich einfacher und ausgetretener. Noch einmal zweigt ein Pfad ab, hier sollte man sich ebenfalls rechts halten. Wer diese Variante wählt, bekommt zum Schluss eine ungewöhnliche, aber beeindruckende Perspektive auf den Wasserfall. Auf dem letzten Abschnitt vor dem natürlichen Aussichtspunkt führt auch dieser Weg steil bergab durch die Bäume – zum Abgrund Abstand zu halten ist aber kein Problem. Schließlich erreicht man die vom Wasser geschliffenen Steinplatten am Muskeg River. Wenige Meter weiter stürzt der Fluss über die Felskante. Gegenüber ragt eine poröse Steilwand empor, die das Wasser über lange Zeit freigelegt hat. Nach einer Rast am Ufer geht es auf dem selben Weg zurück zum Parkplatz.

Auf dem Hin- oder Rückweg von Grande Cache, und vor allem bei schönem Wetter, lohnt sich eine Rast am gleichnamigen und größten See der Gegend. An der Uferseite des Grand Cache Lake am Highway gibt es einen öffentlichen Strand mit Picknicktischen, Feuerstellen und einem Spielplatz. Ein kleiner Sandstrand und eine große Wiese laden zum Sonnenbaden ein – wobei man eine grandiose Sicht auf die Berge der Willmore Wilderness genießen kann. Das Wasser ist klar und zum Schwimmen geeignet. Mit einem Boot oder Paddleboard lassen sich, wenn die Wellen durch den Wind nicht zu groß sind, die anderen Ufer erkunden. Ein Bootssteg erleichtert den Einstieg.

Am Grande Cache Lake gibt es auch einen Spielplatz.

Info

Lage:

- Muskeg Falls: Highway 40 bei Grande Cache, GPS: Muskeg Falls Wanderparkplatz 53.930794, -118.886136
- Grande Cache Lake: Township Road 571A, Grande Cache, AB T0E 0Y0, GPS: Grande Cache Lake Parkplatz 53.909806, -119.046417

Anfahrt:

- Von Hinton aus 7,8 km auf dem Highway 16 Richtung Jasper fahren. Rechts auf den Highway 40 nach Grande Cache abbiegen. Die Parkbucht für die Wanderung zu den Muskeg Falls liegt nach 121 km auf der rechten Seite.
- Von Grande Cache aus sind es 17,2 km. Der Grande Cache Lake liegt rund 6 km vor der Stadt direkt am Highway 40.

Aktivitäten: wandern, picknicken, schwimmen, Boot fahren (keine Ausleihe direkt am See, aber z. B. auf der U Bar Ranch: Kanu für 2 Gäste 85 CAD für einen halben Tag)

Unterkünfte: U Bar Ranch, Camping auf dem Gelände eines Familien-Outdoor-Unternehmens, das ein- und mehrtägige Ausritte anbietet, Wohnmobilplätze mit Wasser und Strom 34 CAD, befestigte Zelte mit Queen-Bett, Gasheizung und Zugang zu öffentlichem Waschhaus 85 CAD (2 Nächte Mindestaufenthalt), 7574 HWY 40, Grande Cache, AB T0E 0Y0, Tel.: +1 780 827 0604, E-Mail: info@ubartrailrides.com, ubartrailrides.com

Webseite: trailpeak.com/trail-Muskeg-Falls-near-Grande-Cache-AB-7151

Hinweise:

- Bärenspray mitnehmen!
- Aktuelle Informationen zum Weg und zu Ausleihmöglichkeiten gibt es im Grande Cache Tourism & Interpretive Centre, 9701 AB-40, Grande Cache, AB T0E 0Y0.

41. Grande Cache und das Tor zur Wildnis

Wer die Herausforderung liebt, ist in dieser Gegend genau richtig – wenn man weiß, worauf man sich einlässt. Denn der Ort im mittleren Westen Albertas liegt am Willmore Wilderness Park, in dem Wanderungen Wochen dauern können, und veranstaltet jährlich ein Großevent, das „Death Race" heißt.

Seit 2018 ist der 3000-Einwohner-Ort Grand Cache keine Stadt mehr: Aufgrund sinkender Einwohnerzahlen, Steuereinnahmen und einer Infrastruktur, die Investitionen benötigt, musste er sich im 50. Jahr seines Bestehens an den Bezirk Greenview anschließen. Was war passiert? Laut Global News ist die Wirtschaftslage von Grande Cache stark abhängig von den Ressourcen der Gegend, vor allem von Kohle. Als der Tagebau vor einigen Jahren schließen musste, seien viele Menschen weggezogen, allein seit 2012 knapp 750. Die Mine hat seither wieder geöffnet, aber der Ort hat sich nicht erholt.

Ein Nachbau des Pelzlagers

Augenscheinlich ist Grande Cache, mehr als 200 Kilometer vom nächsten Hotspot Jasper entfernt, auch kein Touristentraum. Die meisten Gebäude sind in einem funktionalen Stil erbaut, und wer eine schicke Promenade zum Bummeln sucht, ist hier falsch. Aber als Besucher findet man trotzdem alles, was man braucht und einmalige Landschaften. Der Ort liegt auf 1280 Metern auf einem Plateau, umgeben von Smoky und Sulphur River, dem Grande Cache Lake (siehe Seite 190) sowie 21 Berggipfeln. Westlich beginnt die Wildnis, und zwar wörtlich: Im Willmore Wilderness Park gibt es keine Straßen, aber 750 Kilometer Wanderwege.

Mit Besuchermassen rechnen muss man in Grande Cache nur einmal im Jahr: Am ersten Wochenende im August treffen sich hier – 2019 zum 20. Mal – Sportler, Helfer und Fans zum „Canadian Death Race", dem kanadischen Todesrennen. Das Ziel der härtesten Teilnehmer ist es, eine

Strecke von 125 Kilometern über Berg und Tal (5200 Höhenmeter!) in unter 24 Stunden zu bewältigen. Alle anderen treten im Team an oder beschränken sich auf die Marathondistanz. Wer sich lieber kraxelnd fortbewegt, der kann sein Können bei „Passport to the Peaks" unter Beweis stellen, indem er die 21 Gipfel in der Umgebung besteigt, Stempel sammelt und seinen Gipfelpass füllt.

Alle Infos dazu hat das Besucherzentrum am Ortsausgang Richtung Hinton. Zudem dient das Gebäude als Museum zur Natur und zur Geschichte der Region – die ältesten Exponate sind Dinosaurierabdrücke. Im Außenbereich befindet sich ein liebevoll gestalteter Picknickplatz, eine Sammlung historischer Hütten und eine Nachbildung des „Grande Cache", dem großen Pelzlager, das dem Ort seinem Namen gab.

Die Hauptattraktion des Ortes liegt nur eine kurze Fahrt entfernt. Dort, wo Smoky und Sulphur River zusammenfließen, ist geologisch gesehen etwas Interessantes passiert: Harter Fels, dem die Erosion nichts anhaben kann, hat sich durch Druck fast senkrecht aufgerichtet und wirkt heute noch wie ein Tor, durch das die Flüsse fließen müssen. Bis zu 75 Meter hoch ragen die roten Wände auf. Von den Aussichtsplattformen darauf, die auf einem kurzen Spaziergang erreichbar sind, geht der Blick in die Weiten der Willmore Wilderness, die gleich dahinter beginnt. Als kurze Wanderung hinein bietet sich der hin und zurück sechs Kilometer lange Weg

Der Smoky River fließt durch den Willmore Wilderness Park.

zu den Eaton Falls an, der am Parkplatz beginnt. Die meisten anderen Touren sind ohne Übernachtung nicht zu schaffen. Ausrüstungsfirmen vor Ort bieten als Alternative ein- oder mehrtägige Reitausflüge in den Wildnispark an.

Auf dem Rückweg nach Grande Cache liegt versteckt im Wald noch eine Besonderheit: der „Crack of Doom". Wer am Reiterzeltplatz an der Sulphur Gates Road parkt, findet neben dem rechten Pferdeabteil den kurzen Pfad, der in den Wald führt. Nach ein paar hundert Metern trifft er auf einen langen, soliden Fels aus Konglomerat, der in der Mitte wie mit einem Beil gespalten ist. Mutige können hindurchgehen.

Ein natürliches Tor aus Grundgestein: Die Sulphur Gates

Info

Lage: Sulphur Gates Road, Grande Cache, AB T0E 0Y0, GPS: Sulphur Gates-Wanderparkplatz 53.850064, -119.185950

Anfahrt: Vom Ortszentrum aus 6,4 km auf dem Highway 40 in Richtung Grande Prairie fahren. Nach der Brücke scharf links abbiegen. Der Schotterstraße weitere 6,3 km bis zum Parkplatz folgen. Die Straße endet hier.

Aktivitäten: fotografieren, picknicken, wandern, reiten, campen

Unterkünfte:

- Sulphur Gates Campground, 14 einfache Stellplätze mit Picknicktischen und Feuerstellen in der Nähe der Sehenswürdigkeit, keine Spül-Klos oder Duschen, Trinkwasser ist mitzubringen, 26 CAD pro Nacht, Selbstregistrierung vor Ort, Tel.: +1 780 827 7393, albertaparks.ca/parks/central/sulphur-gates-pra/information-facilities/camping/sulphur-gates
- Grande Cache Municipal Campground, einfacher, aber ordentlicher Zelt- und Wohnmobilplatz am Stadtrand nahe des Sport- und des Golfplatzes, Waschräume mit Duschen und Waschmaschinen/Trockner vorhanden, Wifi am Eingang, Zeltplatz ab 23 CAD, mit Wasser/Strom/Abwasser für 34,75 CAD, 10401 Memorial Drive, Grande Cache, AB T0E 0Y0, Tel.: +1 780 827 2404, albertacampgroundguide.ca/campgrounds/grande-cache-municipal-campground

Webseite: albertaparks.ca/parks/central/sulphur-gates-pra

Hinweise:

- Wanderungen in der Willmore Wilderness müssen gut vorbereitet werden.
- Bärenspray ist mitzunehmen.
- Im Herbst 2018 wies Alberta Parks darauf hin, dass sich aufgrund heftiger Niederschläge auf der Zugangsstraße zu den Sulphur Gates in der Nähe der Kiesgrube regelmäßig tiefe Pfützen bilden, die für Kleinwagen unpassierbar sein können. Wer dort am Rand parkt, muss etwa 3 km bis zum eigentlichen Parkplatz laufen. Seit 2017 laufen zudem Bauarbeiten an den Park- und Campingplätzen nahe der Sulphur Gates. Neue Stellflächen, Waschräume und ein Spielplatz sollen entstehen. Die Fertigstellung ist für Herbst 2019 geplant.

42. Auf den Spuren der Dinosaurier in den nördlichen Rockies

Tumbler Ridge ist einer dieser Orte, der voller Touristen sein könnte, wäre er nicht so abgelegen. Und das nicht wegen der Stadt selbst, sondern wegen ihrer prähistorischen Vergangenheit und ihrer Umgebung.

Die Abdrücke der drei Zehen der Theropoden sind deutlich sichtbar.

Es klingt wie aus einem Film: Die Kleinstadt Tumbler Ridge liegt ziemlich einsam im Westen British Columbias, die nächste Stadt ist knapp 100 Kilometer entfernt. Die 1900 Einwohner leben vor allem vom Bergbau, doch einige Kohleminen sind bereits geschlossen, andere sollen folgen. Danach wird wohl auch die Stadt selbst verschwinden. Doch dann machen im Jahr 2001 zwei Jungs aus dem Ort am Flatbed Creek eine Entdeckung. Auf einem flachen Fels am Flussufer sehen sie sechs Vertiefungen. Mark Turner und Daniel Helm, damals elf und acht Jahre alt, sind sich sicher: Das sind die Fußabdrücke von Dinosauriern.

Sie machen Fotos und kontaktieren den führenden kanadischen Experten für Dinosaurierspuren, Richard McCrea, der sich den Fundort ein Jahr später anschaut und bestätigt: Es sind die Abdrücke eines Ankylosaurus, eines Pflanzenfressers, der stark gepanzert war und eine Keule am Schwanz hatte. McCrea findet zudem einen Knochen und weitere Abdrücke. Heute hat Tumbler Ridge ein Forschungsinstitut, ein Museum – die Dinosaur Discovery Gallery – und ist seit 2014 Zentrum des gleichnamigen UNESCO Global Geoparks. Ab und zu werden weitere Spuren, darunter von Tyrannosaurus Rex, und Fossilien entdeckt. Dank des neuen Tourismus und dem Fokus auf andere Rohstoffe lebt die Stadt weiter – obwohl 2014 die letzten Kohleminen geschlossen haben.

Reisenden bietet Tumbler Ridge alles Nötige: Unterkünfte, Läden und vor allem viel zu entdecken. Die Kleinstadt wurde in den letzten Jahren aufgehübscht und hat ein modernes Visitor Centre bekommen. Die engagierten Mitarbeiter haben viele Tipps für Unternehmungen und Kartenmaterial zu den 48 (!) Wanderungen in der Umgebung. Außerdem bieten sie geführte Touren zu den Dinosaurierspuren an. Denn nur ein Teil ist frei zugänglich – eine Ansammlung von Fußabdrücken 80 Meter flussaufwärts von der Fundstelle der Jungs. Die Cabin Pool Dinosaur Tracks wurden ebenfalls von einem Einheimischen entdeckt. Alain Durand inspizierte die Gegend 2002 und fand die Abdrücke von drei Dinosauerierarten: dem Ankylosaurus, aber auch von Ornithopoden (Pflanzenfressern, die überwiegend auf zwei Beinen liefen) und Theropoden (Fleischfressern mit drei Zehen).

Der Weg zu den Cabin Pool Tracks ist hin und zurück rund drei Kilometer lang, etwa anderthalb bis zwei Stunden sollte man einplanen. Zunächst folgt der Pfad der Straße, dann geht er tiefer in den Wald, wo er an den Ruinen eines Blockhauses vorbeiführt. Nach einem Kilometer kommt er an eine Kreuzung, zu den Dino-Spuren geht es nach rechts. Der Weg steigt ins Flusstal ab und endet an einer Picknickbank. Den kostenlosen Flyer aus dem Infozentrum dabeizuhaben, ist eine gute Idee – die Karte darauf hilft dabei, die Abdrücke im Fels zu finden. Von dieser Stelle führt ein Pfad hinab zur Fundstelle der Jungs, allerdings sind diese Spuren mittlerweile verwittert.

Neben Dinosaurierspuren sind die Einheimischen verrückt nach Wasserfällen – nicht umsonst wird Tumbler Ridge auch Wasserfallhauptstadt des Nordens genannt. Unter den 13 Wanderrouten ist der hin und zurück 2,5 Kilometer lange Weg zu den Quality Falls einer der einfachsten und familienfreundlichsten. Vom Parkplatz aus geht es relativ eben durch den Wald und erst kurz vor dem Ziel bergab zu einem Aussichtspunkt über den Fällen. Wer sich am Creek links hält, kommt über ein paar schmale Serpentinen hinunter ans Bachbett, wo die Sicht auf die sieben Meter hohen Quality Falls am schönsten ist. Nur barfuß gelangt man noch näher ran, aber die Wassertemperatur ist auch im Sommer nur etwas für die Hartgesottenen.

Die Dino-Fußabdrücke am Flatbed Creek sind leicht zu finden.

Info

Lage: Visitor Information Centre, 265 Southgate Street, Tumbler Ridge, BC V0C 2W0, GPS: Wanderparkplatz Cabin Pool Dinosaur Tracks 55.114556, -120.983306, Wanderparkplatz Quality Falls 55.155944, -120.939694

Anfahrt:
- Aus British Columbia über Prince George. Von dort sind es 305 km auf dem Highway 97 bis Chetwynd. Kurz vor dem Ortsausgang rechts auf den Highway 29 abbiegen, 93 km weiter liegt Tumbler Ridge.
- Aus Alberta über Dawson Creek. 20,8 km auf dem Highway 97 Richtung Prince George fahren, dann links abbiegen auf den Highway 52 nach Tumbler Ridge, das nach rund 95 km erreicht ist.

Öffnungszeiten: Das Visitor Centre ist das ganze Jahr geöffnet, von Mitte Mai bis September täglich von 8 bis 18 Uhr.

Eintritt: Dinosaur Discovery Gallery, 255 Murray Drive in Tumbler Ridge, Kinder ab 5 Jahren 3 CAD, Jugendliche 5 CAD, Erwachsene 8 CAD, trmf.ca/dinosaurdiscovery.html

Aktivitäten: wandern, Mountainbiking, Quad fahren, angeln (Lizenz nötig), Boot fahren, Museumsbesichtigung, geführte Touren, Sportzentrum mit Schwimmbad im Ort

Unterkünfte:
- Lions Flatbed Campground, Zeltplatz am Flatbed Creek 1 km von der Stadt entfernt, einige der 40 Stellplätze direkt am Bach, andere in einer Wiese etwas oberhalb, keine Strom- und Wasseranschlüsse, mit Spielplatz, überdachtem Picknickplatz und Duschhaus, 20 CAD (Feuerholz optional 10 CAD pro Schubkarre), kurz vor Ortseingang an der Straße BC-29, Tumbler Ridge, BC V0C 1T0, Tel.: +1 250 242 1197, trlions.ca/campground.html
- Weitere Campingplätze und Inns unter tumblerridge.ca/Discover/Restaurants-Accommodations

Webseiten:
- tumblerridgegeopark.ca
- tumblerridge.ca

Hinweise:
- In der Stadt gibt es Handyempfang, außerhalb nicht.
- Tumbler Ridge hat eine Tankstelle und einen Supermarkt, weitere Versorgungsmöglichkeiten gibt es erst wieder in Chetwynd und Dawson Creek.
- Bärenspray ist beim Wandern mitzunehmen. Auf einsamen Wegen sollte man regelmäßig Krach machen, um Bären und Pumas auf sich aufmerksam zu machen.

43. Monkman Provincial Park: Wasserfälle in der Wildnis

In den nördlichen Rockies südlich von Tumbler Ridge rauscht der Murray River mehr als 60 Meter in den Abgrund. Das ist nicht das Einzige, was die holprige Anfahrt lohnenswert macht.

Wenn Tumbler Ridge abgelegen ist, dann ist der Monkman Provincial Park wild. Er liegt 63 Kilometer südlich der Kleinstadt, hat weder Läden noch Handyempfang. Dafür rund 630 Quadratkilometer Berg- und Hügellandschaft, Wasserfälle, Seen und Wälder – ein Park in der Größe von Toronto. Hinzukommen erfordert Geduld, denn rund 45 Kilometer Fahrt auf einer Straße, die mal waschbrettartig und mal ausgewaschen ist, macht in einem Kleinwagen keinen Spaß, ist aber möglich.

Die mächtigen Kinuseo Falls

Der Monkman Provincial Park wurde nach Alex Monkman benannt, der in den 1930er-Jahren beim Versuch, einen Highway zwischen Rio Grande (Alberta) und Prince George (British Columbia) zu bauen, den niedrigsten Pass der Rockies entdeckt hat. Der Highway hätte durch den Park geführt und sicherlich Besucher angelockt. Das Projekt wurde aber aus Mangel an Arbeitern während des Zweiten Weltkriegs eingestellt. Wer von dem Park noch nicht gehört hat, ist aber vielleicht über die Kinuseo Falls gestolpert – ohne Frage der größte Anziehungspunkt. Dieser wasserreiche Wasserfall stürzt 68,5 Meter tief ins Murray River Valley und ist damit reichliche zehn Meter höher als die Niagara Falls in Ontario.

Es gibt mehrere Möglichkeiten, den Wasserfall aus verschiedenen Perspektiven zu bewundern: neben kommerziellen Jetboottouren und Helikopterrundflügen auch fünf Aussichtspunkte. Nur 150 Meter entfernt vom Parkplatz und rollstuhlgeeignet ist die Holz-Plattform, die einen ganz nah an die rauschenden Fälle bringt. Von diesem Punkt aus hat man auch den besten Blick auf eine geologische Besonderheit – den gefalteten Felsen auf der anderen Seite. Diese Gesteinsschicht war vor 250 Millionen Jahren der Grund des Meeres am Kontinent Pangäa. Die Kräfte, die auch die Rockies gebildet haben, haben ihn zusammengepresst und gefaltet. Der Weg zu den weiteren Aussichtspunkten beginnt an der Rückseite des Parkplatzes. Der Upper Viewpoint ist nur 200 Meter entfernt und bietet eine Draufsicht von schräg oben, der Leake Viewpoint (1,1 km) sowie der Riverside und der Downstream Viewpoint (je 1,4 km) einen Blick aus mehr Distanz und schließlich von ganz unten.

Eine rustikale Holzbrücke auf der Anfahrt

Die wohl ungewöhnlichste kurze Wanderung im Park ist der Stone Corral Trail, der zu mehreren Teichen führt, zu zwei Höhlen, einigen interessanten Kalksteinformationen und mehreren Aussichtspunkten. Die teilweise als Rundweg angelegte Route ist nur drei Kilometer lang, beansprucht aber etwa zwei bis drei Stunden. Das liegt daran, dass es 200 Höhenmeter und dadurch einige steile Aufstiege zu überwinden gilt, der Weg mitunter feucht und rutschig wird und die Höhlen erkundet werden können (Taschenlampe nicht vergessen und nicht die beste Kleidung tragen – die zweite Höhle ist sehr eng, das Erkunden ist aber optional).

Unbedingt sollte man sich im Visitor Centre in Tumbler Ridge das kostenlose Heftchen mit der Wegbeschreibung holen – es erklärt auch die historischen, natürlichen und geologischen Sehenswürdigkeiten entlang des Weges. Der einzige Wermutstropfen auf der abwechslungsreichen Runde ist, dass die optionale Abzweigung zum Fuß einer Kalksteinwand nach dem zweiten Teich erreicht wird (nämlich oben auf dem Kamm) und nicht wie beschrieben nach der Stone Corral. Der Namensgeber des Wegs ist ein klarer, aber dunkler Teich umgeben von Felswänden. Vom Aussichtspunkt oberhalb des Stone Corral, etwa auf halber Strecke, blickt man weit in den Park hinein, mit dem rund 25 Kilometer entfernten Mount Watts links am Horizont und Castle Mountain direkt voraus. Es gibt viele ungesicherte Abgründe entlang des Weges, auf die man achten muss, ansonsten werden ältere Kinder den nicht langweiligen Weg zu schätzen wissen.

Blick auf die Albright Ridge vom Stone Corral Trail

Info

Lage: Murray Forest Service Road, Upper Fraser, BC V0J 2Z0. 63 km südlich von Tumbler Ridge im mittleren Westen von British Columbia, GPS: Kinuseo Falls-Parkplatz 54.782689, -121.188961, Stone Corral-Wanderparkplatz 54.770833, -121.172111

Anfahrt: Vom Parkplatz am Visitor Centre im Zentrum von Tumbler Ridge nach links in die Southgate Street abbiegen. An beiden folgenden T-Kreuzungen links abbiegen. 13,5 km geradeaus fahren, dann rechts (am blau-weißen Schild mit der Aufschrift „Monkman (Kinuseo Falls)") auf die Murray River Forest Service Road abbiegen. Nach 3,5 km wird daraus eine Schotterstraße. 43 km weiter, kurz nach dem Parkeingang, liegt am linken Straßenrand der Stone Corral-Wanderparkplatz (vor einem Teich auf der linken Seite). Zu den Kinuseo Falls weiter 1,5 km auf der Murray River FSR fahren, dann rechts auf die Stichstraße zu den Wasserfällen abbiegen. Zum Campingplatz links abbiegen und 1,5 km geradeaus fahren.

Öffnungszeiten: Der Zeltplatz im Park ist in der Regel ab Mitte Mai geöffnet und bleibt es, solange das Wetter es erlaubt.

Aktivitäten: zelten, wandern, angeln (Lizenz nötig, z. B. von Home Hardware in Tumbler Ridge), Wildtierbeobachtung, fotografieren

Unterkünfte:

- Kinuseo Falls Campground, 22 Stellplätze für Wohnmobile und Zelte in der Nähe des Murray River, 3,5 km flussaufwärts vom Wasserfall, Trockentoiletten und eine Picknickhütte vorhanden, Feuerholz muss mitgebracht und das Wasser aus den Pumpen abgekocht werden, Registrierung vor Ort, 20 CAD pro Nacht, Kinuseo Falls Campground Access, Upper Fraser, BC V0J 2Z0.
- Weitere Unterkünfte in Tumbler Ridge (siehe Seite 199).

Webseite:

- www.env.gov.bc.ca/bcparks/explore/parkpgs/monkman
- tumblerridgegeopark.ca/index.php/project/the-stone-corral

Hinweise:

- Das ist ein sehr abgelegenes Gebiet ohne Handyempfang.
- Karten und Infos über den aktuellen Zustand der Zufahrtsstraße sollte man sich vorher im Visitor Centre in Tumbler Ridge, South gate Street 265, besorgen.
- Tumbler Ridge ist die letzte Gelegenheit zu tanken und Vorräte zu besorgen.
- Beim Wandern sollte man regelmäßig Krach machen und Bärenspray dabeihaben.

44. Roadtrip: Am Westrand der Rockies ins Robson Valley

Von den nördlichen Rockies bei Tumbler Ridge gibt es nur zwei Routen nach Süden: über Dawson Creek nach Grande Cache in Alberta oder in British Columbia über Chetwynd nach Prince George und von dort dem Fraser River folgend nach Tête Jaune Cache.

Holzkunst an der Hauptstraße

Zugegeben: Die Strecke von Tumbler Ridge (siehe Seite 196) nach Tête Jaune Cache im Robson Valley (siehe Seite 208) ist lang (670 Kilometer!) und zum Großteil nicht sehr spannend. Über viele Kilometer ist es eine gerade Straße durch den Wald, der jegliche Aussicht blockiert. Aber es gibt unterwegs auch malerische Abschnitte über Berg und Tal und einige Stopps, die die Route abwechslungsreich machen. Die Kilometerangaben beziehen sich auf die Entfernung von Tumbler Ridge.

Kilometer 96: Chetwynd wäre wie jede andere kanadische Stadt an einem wichtigen Highway, mit all den Motels und Fastfoodketten, hätten die Einwohner nicht in den 1990er-Jahren begonnen, das Stadtbild mit Schnitzereien aufzuhübschen. Seit 2005 treffen sich nun jährlich am zweiten Wochenende im Juni Kettensägenschnitzer aus aller Welt in der Kleinstadt am Highway 97, um Baumstämme in Kunstwerke zu verwandeln. Inzwischen zieren mehr als 150 Statuen, darunter viele Tiere und Sagengestalten, die Straßen von Chetwynd. Das Besucherzentrum (5400 Access Road North) verteilt Karten zu den Standorten der Schnitzereien.

Kilometer 200: Nach Chetwynd quert der Highway 97 die Hart Ranges der Rockies. Kurz bevor es noch einmal bergauf zum Skigebiet Powder King Mountain unterhalb des 1829 Meter hohen Gipfels geht, streift der Highway den Azouzetta Lake am Rand des Pine Le Moray Provincial Park. Zugang zum Strand und zum Bootsanleger gibt es über den 2016 eröffneten Campingplatz, der auch Paddleboards und Kajaks verleiht. Der See mit seinen bewaldeten Inseln zu Füßen der Bergkette zwischen Mount Murray im Norden und Mount Hunter im Süden ist sonst nur von einem etwas zugewachsenen Aussichtspunkt am Highway gut zu sehen.

Kilometer 325: Seen und Wälder bestimmen nun schon eine Weile die Landschaft. Zeit, an einem anzuhalten – dem Bear Lake im Crooked River Provincial Park. Zuvor durchquert man das gleichnamige Dorf, wo es neben der Tankstelle im Hochsommer Eis und Snacks aus Foodtrucks gibt. Der Abzweig zum Badesee folgt 1,5 Kilometer weiter. In den Ferien und am Wochenende tummeln sich an dem mit 74 Kilometern nicht allzu weit entfernten See viele Einwohner aus Prince George. Mit dem großen Parkplatz, einem Zeltplatz, verstreuten Picknickbänken auf der Wiese und einem schönen Sandstrand bietet er aber genug Platz für alle auf der Suche nach etwas Erfrischung. Die Stadt selbst ist dann eine gute Gelegenheit, Vorräte aufzufüllen und sich im Besucherzentrum mit Karten einzudecken (1300 1 Avenue).

Morgens am Purden Lake

Kilometer 456: Ein weiterer idyllischer See – diesmal mit Blick auf die McGregor-Bergkette in den Rockies – liegt knapp 60 Kilometer von Prince George entfernt am Yellowhead Highway 16, der über Tête Jaune Cache nach Jasper in Alberta führt. Der Purden Lake ist groß genug für Wassersport aller Art, hat einige Wanderwege entlang des Ufers, um sich die Füße zu vertreten, und einen großen öffentlichen Sandstrand. Das Wasser ist klar und es gibt einen abgetrennten Bereich für Schwimmer. Am Highway 16 gibt es einen weiteren, privat geführten Zeltplatz mit Strand und Bootsanleger, das Purden Lake Resort, zu dem auch ein Café an der Straße gehört.

Kilometer 511: Ohne den unermüdlichen Einsatz von Freiwilligen aus der Umgebung wäre dieses Highlight so versteckt geblieben, dass niemand es hätte finden können: Die Rede ist vom einmaligen Ancient Forest, einem gemäßigten Regenwald, den es im Inland weltweit nur hier gibt. Von der Straße aus ahnt man nichts von den Baumriesen, die wenige hundert Meter entfernt wachsen. Von 2006 bis 2013 haben Ehrenamtler einen 2,3 Kilometer langen Holzweg gebaut, um den Wald zugänglich zu machen und gleichzeitig den Waldboden zu schützen. 2016 wurde der Ancient Forest unter dem Namen Chun T'oh Whudujut zum derzeit jüngsten Provincial Park in British Columbia ernannt. Der große Parkplatz lässt ahnen, dass es hier bald voller werden könnte, noch lässt sich die ganze Schönheit der bis zu 2000 Jahre alten Riesenlebensbäume aber weitgehend in Ruhe genießen.

Holzstege führen an den Baumriesen vorbei.

Kilometer 561: Knapp 49 Kilometer weiter sei noch ein letzter See empfohlen, der einen bildschönen Hintergrund für ein Picknick oder auch zum Übernachten bietet. Am West LaSalle Lake gibt es 20 einfache, kostenlose Stellplätze, einen kleinen Strand und einen Holzsteg. Der Zeltplatz selbst hat keinen Stromanschluss und kein Trinkwasser, dafür Feuerholz und von vielen Stellflächen aus eine wunderbare Aussicht auf die Cariboo Mountains im Westen und die Rockies im Südosten. 111 Kilometer später erreicht man Tête Jaune Cache, einen Katzensprung vom höchsten Berg der kanadischen Rockies entfernt – dem Mount Robson (siehe Seite 216).

Info

Lage: Im mittleren Westen von British Columbia, GPS: Aussichtspunkt Azouzetta Lake 55.379750, -122.613000, Bear Lake Beach 54.479361, -122.678056, Purden Lake Beach 53.919750, -121.942111, Ancient Forest-Wanderparkplatz 53.762778, -121.218861, LaSalle Lakes Beach und Zeltplatz 53.523083, -120.679806

Anfahrt:

- Chetwynd, Azouzetta und Bear Lake liegen direkt am Highway 97, der von Dawson Creek nach Prince George führt.

- Zum Purden Lake Beach gelangt man, indem man von Prince George aus für etwa 58 km auf dem Highway 16 nach Tête Jaune Cache und Jasper bleibt und vor dem Holzschild (weißer Schriftzug „Purden Lake") links abbiegt und der Zufahrtsstraße durch den Campground für 3,7 km folgt.
- Der große Parkplatz am Ancient Forest liegt auf der rechten Seite des Highway 16 etwa 114 km nach Prince George und ist ausgeschildert. Der Abzweig zum Strand am LaSalle Lake (West) ist mit einem Holzschild markiert.

Aktivitäten: schwimmen, wandern, campen, Wassersport, angeln (Lizenz nötig), picknicken

Unterkünfte:

- Azouzetta Lake Lodge and RV Campground, kleiner Zeltplatz am Seeufer mit 20 *unserviced sites*, 19 bis 30 CAD, Zimmer ab 75 CAD, Mile 125 John Hart Hwy, Fraser-Fort George, BC V0J 2C0, Tel.: +1 250 277 8245, E-Mail: azu@powderking.com, stay.powderking.com/camping
- Purden Lake Campground, 78 Stellplätze geeignet für Zelte und Wohnmobile in einer weitläufigen Anlage im Wald oberhalb des Sees, einige sind davon reservierbar – der Rest *„first come, first serve"*, mit Spielplatz, Trinkwasserhähnen und Toilettenhäuschen, geöffnet vom 1. Mai bis 23. September, 22 CAD, Purden Lake Provincial Park, Sinclair Mills, BC V0J 3M0, Reservierung unter discovercamping.ca

Webseiten:

- Bear Lake: www.env.gov.bc.ca/bcparks/explore/parkpgs/crooked_rv
- Purden Lake: www.env.gov.bc.ca/bcparks/explore/parkpgs/purden_lk,
- Ancient Forest: www.env.gov.bc.ca/bcparks/explore/parkpgs/ancient-forest

Hinweise:

- Der Großteil der Strecke verläuft durch sehr abgelegene Gegenden ohne Handyempfang und auch Tankstellen sind eher rar gesät.
- Chetwynd, Bear Lake, Prince George und McBride sind die größeren Ortschaften an der Route, wo man Vorräte und Tank auffüllen kann.
- Es gibt viele Tiere in der Gegend, was bedeutet, dass man vor allem in den Morgen- und Abendstunden vorsichtig fahren sollte.
- Beim Wandern ist Bärenspray mitzunehmen.

45. Wildlife und Wasserfälle: Unterwegs im Robson Valley bei Valemount

Wer die Lachswanderung beobachten will, besucht dafür normalerweise Flüsse an der Westküste Kanadas. Zur richtigen Jahreszeit kann man das Schauspiel aber auch im Westen der Rockies erleben. Flüsse und Feuchtgebiete bieten zudem auch anderen Tierarten eine Heimat.

Der Fraser River entspringt am gleichnamigen Pass tief in den Rocky Mountains. Wer aus Richtung Jasper auf dem Highway 16 nach Westen unterwegs ist, quert ihn kurz nach dem Lucerne Campground zum ersten Mal. Auf insgesamt 1375 Kilometer Länge schlängelt er sich dann durch British Columbia, bis er in einem Delta bei Vancouver in den Pazifik mündet. Für die Chinook-Lachse bedeutet das weite Wege aus dem Ozean zurück zum Laichen – für Reisende in den Rockies, dass sie das Spektakel auch in den Bergen beobachten können. Die anstrengende Wanderung flussaufwärts schaffen nur die größten und stärksten Lachse, mehr als drei Monate sind sie unterwegs.

Das Ende der Lachswanderung an den Rearguard Falls

Eine Gelegenheit, ihnen beim Schwimmen gegen die Strömung zuzusehen, bietet sich an den Rearguard Falls im gleichnamigen Provincial Park. Ungefähr ab Mitte August erreichen die Chinook-Lachse diese Stelle. In der Regel endet ihr Weg hier, da die Hindernisse im Fluss zu hoch zum Überspringen sind. Die Wasserfälle sind aber zu jeder Zeit einen Stopp

Die Aussichtsplattform am Swift Creek

wert. Vom ausgeschilderten Parkplatz am Highway führt ein breiter, kurzer Weg hinab zu mehreren Aussichtspunkten über und neben den Fallen.

Im Örtchen Valemount kann man den Fischen sogar beim Laichen zusehen: Von einer Brücke und einer Plattform blickt man auf den Swift Creek, der über den McLennan River mit dem Fraser River verbunden ist. Wenn die Lachse in der ersten Augustwoche hier ankommen, ruhen sie sich zunächst in Vertiefungen im Flussbett aus, bis etwa Mitte August die Eiablage beginnt. Dafür brauchen sie ihre sämtliche Energie, weshalb Besucher erinnert werden, die Lachse nicht zu stören, da sie sonst die Nester verlassen. Vom Visitor Centre aus kann man dem 600 Meter langen George Hicks Trail durch den gleichnamigen Park folgen, wo manchmal auch Rehe oder Elche gesichtet werden, um zu den Plattformen zu gelangen. Weitere Parkplätze und Picknicktische befinden sich direkt am Bach. Vor dem Laichen graben die Weibchen Nester im Flussbett und legen –

Am George Hicks Trail

vorwiegend abends – bis zu 3000 Eier hinein, die dann von den Männchen befruchtet werden. Die erwachsenen Fische erreichen damit ihre Lebensspanne und sterben. Das zieht Adler und manchmal auch Bären an. Erst im November schlüpfen aus den Eiern Larven, die sich samt Ei-Sack ins Flussbett eingraben und dort überwintern. Als Jungfische bleiben sie auch das nächste Jahr am selben Ort. Erst wenn sie auf fünf bis sieben Zentimeter angewachsen sind, beginnen sie ihre Wanderung zum Meer, wo sie vier bis fünf Jahre verbringen, bevor sie zum Laichen zurückkehren.

Am Highway 5 nach Süden liegt eine weitere grüne Oase: das R. W. Starratt Wildlife Sanctuary oder, wie die Einheimischen es nennen, der Cranberry Marsh. Das war nicht immer so. Der Cranberry Lake war 1914 zum Bau der Canadian National Railway trocken gelegt worden, und auch in den 1960ern gab es erneut Versuche, dem Feuchtgebiet Farmland abzugewinnen. Doch seit 1977 erfolgt die Renaturierung in ein Vogelschutzgebiet. Wege wurden repariert und neue angelegt (zuletzt 2015 ein Holzweg an der Ostseite), Nistboxen und Vogelhäuser installiert. Heute kann man auf einem sechs Kilometer langen Weg den See umrunden. Zwei Aussichtstürme, leider zum Teil zugewachsen, gewähren Einblicke über Schilf und Buschland. Etwa 100 Vogelarten sind hier heimisch, darunter Nordamerikanische Pfeifenten, Zimt- und Stockenten. Da der Sumpf in einem wichtigen Tierkorridor liegt, können hier auch Bären, Elche, Rehe, Biber und viele kleine Säugetierarten gesichtet werden. Im Frühling und generell in den Morgen- und Abendstunden sind die Chancen am größten.

Wege und Bäche kreuzen den Cranberry Marsh.

Info

Lage:

- Die Rearguard Falls liegen am Highway 16 Richtung Jasper, rund 6 km östlich von Tête Jaune Cache, GPS: Rearguard Falls Parkplatz 52.975389, -119.364389
- Der George Hicks Park liegt am Visitor Centre, 785 Cranberry Lake Road, Valemount, BC, GPS: Parkplatz George Hicks Park 52.833667, -119.281639
- Der Cranberry Marsh beginnt am südlichen Ortsausgang, 1950 BC-5, Valemount BC, GPS: Parkplatz Cranberry Marsh 52.815472, -119.270111

Anfahrt: Von Jasper aus dem Highway 16 rund 98 km bis zu den Rearguard Falls folgen. Rund 4,5 km weiter biegt der Highway 5 nach Süden ab, nach 20 km erreicht man Valemount.

Unterkünfte:

- Tete Jaune Lodge, direkt am Fraser River mit toller Aussicht auf Fluss und Berge, Spielplatz und Restaurant, mit Zelt- und RV-Stellplätzen (25 bis 35 CAD), Hütten (45 bis 75 CAD) und Lodge-Zimmern, 11957 L'Heureux Rd, Tête Jaune Cache, BC V0E 2Z0, Tel.: +1 866 566 9815, E-Mail: info@tetejaunelodge.com, tetejaunelodge.com
- große Auswahl an Hotels, Motels und Zeltplätzen in Valemount, visitvalemount.ca/stay

Webseite: visitvalemount.ca

Hinweis: Die Lachse kommen in der Regel Anfang August in Valemount an. Laut Visitor Centre dauert der Laichprozess 3 bis 4 Wochen. Mitte August sind die Chancen insgesamt am besten.

46. Beeindruckende Sammlung bringt Siedlergeschichten zum Leben

Nicht nur für Zug-Fans: Vor dem Museum von Valemount steht ein ausgedienter, renovierter Waggon auf Schienen, aber im Inneren finden sich auch eine Menge Relikte aus den Anfangsjahren von Pelzhandel, Tourismus, Holzindustrie und Besiedlung der Region.

Außen etwas für Bahnfans

Auch in Valemount hat ein altes Bahnhofsgebäude als Museum eine neue Aufgabe gefunden (siehe Seite 166 für Hinton): 1987, nachdem es bereits sechs Jahre leer gestanden hatte, wurde das 1914 erbaute Holzhaus auf einen Lastwagen gehoben und an seine heutige Stelle transportiert. Fünf Jahre Restaurierungsarbeit waren nötig, bevor der Geschichtsverein von Valemount das Museum eröffnen konnte. Heute werden darin auf drei Etagen Ausstellungen gezeigt. Auch ein aufwendig restaurierter Eisenbahnwaggon, der 19 Jahre lang als Ausguck und Küche gedient hatte, kann besichtigt werden.

Die Geschichte der Bahn war elementar für die Erschließung der Region. Mit jeder Menge historischer Fakten, Relikten von Bahnarbeitern und Reisenden sowie einem Modellzug wird das Thema umfassend aufgearbeitet. Tragische Ereignisse wie die Kollision zweier Züge südlich von Valemount im Jahr 1950 werden nicht ausgelassen. Zur Geschichte des Straßenbaus wiederum gehören die Jahre 1942 bis 1946, als Kanada während des

Zweiten Weltkriegs vielerorts Japaner in Arbeitslager steckte, darunter auch bei Tête Jaune Cache, 20 Kilometer nördlich von Valemount.

Aber auch, wer mehr über das Alltagsleben in Kanada im 19. und 20. Jahrhundert erfahren will, ist in dem Museum richtig: Im Erdgeschoss und unter dem Dach wurden eine Küche, ein Schlafzimmer und ein Schulraum nach historischem Vorbild eingerichtet. Möbel, Kleidungsstücke, Spielzeuge, aber auch typisch kanadische Küchenutensilien wie „Elchkräuter", Beerenkamm und Pie-Backform erwecken vergangene Zeiten zum Leben. Das Museum erinnert an die ersten Bewohner sowie die Siedler, die mit dem Overlander-Track Geschichte schrieben: Sie erreichten 1862, nachdem sie mit dem Versprechen von Goldfunden aus Großbritannien angelockt worden und monatelang quer durchs Land gereist waren, das Robson Valley. Von Angehörigen der Shuswap, die halb nomadisch, halb in Grubenhäusern schon lange am Fraser River lebten, bekamen die Europäer nach ihrer entbehrungsreichen Reise Beeren und Lachse, bevor sie weiterreisen konnten.

Im Keller ist ein großer Teil als Trapper Cabin gestaltet. Wer schon immer einmal sehen wollte, wie die Fallensteller und Pelzhändler lebten und arbeiteten, ist hier richtig. Außerdem geht es um das Leben von Ishbel Cochrane: 1924 in Jasper geboren, wurde sie von ihren Eltern, die als

Innen geht es auch um Fallensteller und Pelzhändler.

Ausrüster für Jagdausflüge tätig waren, schon früh mit auf Ausflüge in die Berge genommen. Als junge Frau besuchte sie eine Wirtschaftsschule und heiratete einen Guide. Auf gemeinsamen Expeditionen kümmerte sie sich um die Verpflegung – Kekse bei jeder Kaffeepause zu reichen, war eine ihrer Regeln. Ab 1959 betrieben sie und ihr Ehemann die Mount Robson Ranch, bis sie in den 1990ern nach Vancouver zogen. Cochranes Geschichte ist sicher ein außergewöhnliches Beispiel für das Leben von Wegbereitern in den Rockies.

Viele der ausgestellten Gegenstände und Fotografien stammen von Einwohnern und ihren Vorfahren. Diese Erinnerungsstücke machen das Museum so sehenswert. Auch Künstler haben ihre Werke zur Verfügung gestellt. In einer Scheune auf dem Gelände dreht sich alles um die Geschichte der Holz- und Landwirtschaft. Der Verein, der das Museum ehrenamtlich betreut, empfiehlt die Einrichtung ausdrücklich für Familien. Ein paar Stunden sollte man für einen Besuch einplanen – man verlässt es um einige skurrile Fakten über Kanada reicher. Ein Beispiel: Auch am Mount Robson sollte ein schickes Hotel für Bahngäste entstehen, doch dann verstarb der Firmenbesitzer – er hatte ausgerechnet die Titanic gewählt, um zurück nach Nordamerika zu reisen.

Traditionelle kanadische Zutaten stehen in der Küche.

Blick in den Mannschaftswagen der Eisenbahn.

Info

Lage: 1090-B Main Street, Valemount, BC V0E 2Z0, GPS: Valemount Museum 52.836078, -119.261950

Anfahrt: An der großen Kreuzung am Visitor Centre in Valemount vom Highway 5 in die 5th Avenue abbiegen. Ihr geradeaus folgen und die Schienen überqueren, danach links auf die Main Street abbiegen. Das rot-weiße Museumsgebäude liegt 500 m weiter auf der rechten Seite.

Öffnungszeiten: 15. Mai bis 30. September, im Mai/Juni/September dienstags bis samstags 10 bis 17 Uhr, im Juli/August täglich von 10 bis 18 Uhr

Eintritt: Kinder 2 CAD, Erwachsene 3 CAD

Unterkünfte:

- Jailhouse Bed & Breakfast, private Ferienzimmer in einer ehemaligen Polizeistation samt Gefängniszellen, Zimmer mit King- oder Queen-Betten ab 110 CAD (für zwei Personen, Frühstück inklusive), 1433 6th Avenue, Valemount, BC V0E 2Z0, Tel.: +1 250 566 0061, E-Mail: jailhouse@telus.net, jailhousebb.com
- große Auswahl an Hotels, Campingplätzen und Inns, visitvalemount.ca/stay

Webseite: valemountmuseum.ca

Hinweise: Auf der Anfahrtsroute, 200 m vor dem Museum, auf der rechten Seite, befindet sich eine viel gelobte Schweizer Bäckerei, valemountswissbakery.com/

47. Dem höchsten Berg ganz nah auf dem Berg Lake Trail

Der Gipfel des Mount Robson im gleichnamigen Provincial Park in British Columbia ist nur selten wolkenfrei. Wer das Glück hat, ihn von der Aussichtsterrasse am Besucherzentrum zu erblicken, vergisst den majestätischen Anblick nie. Näher kommt man ihm mit dem Hubschrauber – oder auf einer Mehrtageswanderung.

Die Stämme der Shuswap nannten ihn „Berg der Spiralstraße" – wegen den aus der Ferne gut sichtbaren schrägen Gesteinsschichten, die wie ein Weg wirken, der sich um den Berg windet. Eine andere inoffizielle Bezeichnung für Mount Robson ist Cloud Cap Mountain – der Berg mit einer Mütze aus Wolken, weil er nur an wenigen Tagen pro Jahr wolkenlos bleibt. Gleichwohl es höhere Berge in Kanada gibt, ist dieser mit 3954 Metern der höchste in den hiesigen Rocky Mountains. Selbst über dem Berg Lake, bereits auf einer Höhe von 1641 Metern, ragt der Berg weitere 2300 Meter auf. Vom Tal, wo das Besucherzentrum auf 853 Metern Höhe am Highway 16 liegt, trennen 3100 Höhenmeter Betrachter und Gipfel. Der gut ausgebaute, hin und zurück 42 Kilometer lange Berg Lake Trail ist eine Möglichkeit, ihm näher zu kommen.

Im Robson Valley sitzen auch mehrere Touranbieter, die Touristen mit Helikoptern näher an den „Monarch der Rockies" und seine Gletscher heranbringen oder sie sogar auf der Hochebene in der Nähe des Berg Lake aussetzen, um den Aufstieg einzusparen. Wer nur einen Tag hier verbringt, verpasst die Möglichkeit, Mount Robson im Sonnenuntergang rot leuchten zu sehen und in traumhafter Umgebung eine Nacht zu verbringen. Empfehlenswert ist daher die Wanderung zum Berg Lake – so nah heran, wie es Nicht-Bergsteigern möglich ist – über vier Tage, mindestens jedoch zwei (für fitte Wanderer), auszudehnen. Nicht nur, um dem Gipfel näher zu kommen: Gletscher an den Berghängen kalben direkt in den See und speisen eine beeindruckende Reihe von Wasserfällen. Kurzum – diese

Mount Robson vom Tal aus gesehen

Der „Monarch“ der Rockies ist 3954 Meter hoch.

abwechslungsreiche Wanderung ist jeden Höhenmeter wert.

Die ersten 4,5 Kilometer sind keineswegs abseits der ausgetretenen Pfade: Bis zum Ufer des türkisblauen Kinney Lake sind vor allem im Sommer viele Menschen unterwegs, doch danach ist die Zahl der Wanderer, schon durch die limitierten Zeltplätze, minimiert. Der breite Weg führt zunächst parallel zum Robson River nicht zu steil bergauf, durchquert Lawinen-Geröllfelder und alten Wald, in dem Riesenlebensbäume und Hemlocktannen stehen – Bäume, die viel Feuchtigkeit brauchen und nur deshalb hier wachsen, weil der massive Berg so viele Wolken hält. Familien mit jüngeren Kindern oder auch Wanderern, die sich erst ans Zelten im Hinterland herantasten möchten, kann eine Übernachtung am Kinney Lake – auch ohne weiteren Aufstieg – empfohlen werden. Der Zeltplatz liegt am nordwestlichen Ufer, einige der Zeltstellen haben direkten Seeblick. Nur 130 Höhenmeter und rund sieben Kilometer sind bis hierhin zurückzulegen. Da viele Backpacker für die erste Etappe bereits einen weiter entfernten Platz anstreben, ist hier die Chance besser, auch kurzfristig eine Nacht buchen zu können.

Nach der Überwindung eines Hügels am nördlichen Ende des Sees gilt es eine breite Ebene zu queren, um danach zum Whitehorn Campground aufzusteigen. Von der Hängebrücke kurz zuvor erhält man erste Ausblicke auf zahlreiche Kaskaden an den Felswänden ringsum, die den Beginn des „Tals der tausend Wasserfälle“ ankündigen. Danach folgt der härteste Abschnitt: Auf fünf Kilometern müssen 500 Höhenmeter bewältigt werden, nicht jedoch ohne bei Pausen die Aussicht auf die White Falls, die Falls of the Pool und schließlich die mächtigen Emperor Falls genießen zu können. Am Emperor Falls Campground ist der größte Anstieg geschafft, in leichtem Auf und Ab geht es wieder parallel zum Fluss entlang. Wald und Wildblumen wechseln sich bald mit Geröllhängen ab, in denen Pfeifhasen

Ein überdachter Picknickplatz für die Camper am Kinney Lake

und Murmeltiere leben. Hier ist auch das erste Mal der Mist Glacier zu sehen. Nach der Querung einiger Bäche mithilfe von Brücken ist schließlich der kleine Marmot Campground am südöstlichen Ende des Berg Lake erreicht. Nach weiteren zwei Kilometern durch den Wald am Ufer erblickt man die Holzhütte am Berg Lake Campground. Die Zeltplätze Rearguard und Robson Pass liegen einen bzw. zwei Kilometer weiter im Wald am Rand einer von Bächen durchschnittenen Hochebene, von der man ebenfalls fantastische Ausblicke auf Mount Robson genießt. Zurück geht es auf dem selben Weg.

Wer zwei Übernachtungen auf einem der Zeltplätze rings um den Berg Lake einplant, kann aus mehreren Halbtags- oder Tageswanderungen wählen, die zu weiteren Wasserfällen, höher gelegenen Aussichtspunkten oder auf den Snowbird Pass führen. Im Sommer 2018 musste allerdings ein Großteil der Wege, darunter ins Mumm Basin und zu den Tobbogan Falls, wegen eines großflächigen Erdrutsches gesperrt werden. Das Visitor Centre kann Auskunft geben, welche Wege wieder freigegeben worden sind.

Die gewünschten Zeltplätze müssen mehrere Monate im Vorlauf gebucht werden. Reservierungen für die Sommersaison beginnen in der Regel

Das Tal der tausend Wasserfälle beginnt mit einer Hängebrücke.

im Herbst zuvor. Sollte es beim ersten Versuch nicht klappen, lohnt es sich, später noch einmal nach frei gewordenen Plätzen zu schauen oder seinen Plan etwas abzuändern. Alle sieben Zeltplätze sind mit befestigten Stellflächen für die Zelte, bärensicheren Metallboxen für Lebensmittel, einfachen Plumpsklos oder Komposttoiletten sowie Waschschüsseln für das Geschirr ausgestattet. Kinney Lake und Whitehorn haben zusätzlich überdachte Picknicktische. Die historische Holzhütte am Berg Lake Campground bietet einen trockenen Aufenthaltsraum und eine Terrasse mit traumhafter Sicht auf See und Berg. Dies ist zugleich der größte und beliebteste unter den Übernachtungsplätzen. Wer es ruhiger mag, ist am Robson Pass richtig: Einige der *tent pads* haben direkten Bergblick, und ein alter Schuppen und eine Plane bieten Schutz bei Regen.

Da es unterwegs keinerlei Möglichkeiten zur Verpflegung gibt, muss ausreichend Proviant mitgenommen werden. Jeglicher Müll muss wieder mit zurück zum Auto. Zur Trinkwassergewinnung aus den Bächen in der Nähe der Zeltplätze sind Filter oder Tabletten zur Aufbereitung nötig. Toilettenpapier ist ebenfalls selbst mitzubringen. Manche Ausrüster, unter anderem in Banff und Jasper, verleihen auch Sets für Trekkingtouren.

Vor dem Start der Wanderung muss sich jeder im Visitor Centre melden und einen kurzen Film mit Sicherheitshinweisen anschauen. Wanderer sollten zu jeder Jahreszeit mit Wetterumschwüngen rechnen. Wasserfeste, windabweisende und wärmende Kleidung sollten ebenso wie wasserdichte und stabile Schuhe zur Ausrüstung gehören. Wie bei jeder Wanderung in den Rockies gilt: Bärenspray griffbereit halten und beim Wandern durch Klatschen, Singen oder Reden regelmäßig auf sich aufmerksam machen. Alle Nahrungsmittel, Kosmetik und andere Duftquellen gehören in die Metallboxen auf den Zeltplätzen – so spricht einer erholsamen Nacht im Zelt nichts entgegen. Wenn es nachts rumpelt, ist das der Gletscher, der immer in Bewegung ist. Dann lässt sich am nächsten Tag vielleicht beobachten, was dem Berg Lake seinen Namen gab: Ein kleiner Eisberg, der auf der Oberfläche treibt.

Info

Lage: BC-16, Mount Robson, BC V0E 2Z0, GPS: Visitor Centre 53.034931, -119.229325; Wanderparkplatz 53.050361, -119.214278

Anfahrt: Das Visitor Centre liegt 87 km westlich von Jasper auf dem Highway 16 bzw. 288 km südöstlich von Prince George. Hinter der

Tankstelle führt die Kinney Lake Road 2 km weiter nach Norden zu einem Wanderparkplatz mit überdachten Picknicktischen und einfachen Toiletten. Sollte dieser in der Hochsaison voll sein, empfiehlt es sich auf rückkehrende Wanderer zu warten.

Öffnungszeiten: Mai bis Oktober, 8 bis 17 Uhr für das Besucherzentrum. Der Trail ist das ganze Jahr offen, Tel.: +1 250 566 4038

Aktivitäten: wandern, Ausstellung zu Natur und Geologie im Besucherzentrum, Mountainbiking bis Kinney Lake

Unterkünfte: Zeltplatzbuchung für die nächste Saison ab 1. Oktober des Vorjahres unter discovercamping.ca, im 1. Schritt bei Reservation Type „Backcountry" auswählen, 5 CAD für Kinder, 10 CAD für Erwachsene

Webseite: www.env.gov.bc.ca/bcparks/explore/parkpgs/mt_robson

Hinweise: Zeltplätze sind nur zwischen 14. Juni und 30. September online reservierbar, außerhalb dieser Monate müssen sie vor Ort gebucht werden. Helikopter dürfen nur montags und freitags verkehren.

Der größte Wasserfall am Weg: Die Emperor Falls

Bonus

48. Die ersten Bewohner der Rockies
49. Die Bergbauvergangenheit
50. Die Nachthimmel

Nordlicht, „Steve“ und Sterne spiegeln sich in den Cascade Ponds bei Banff.

48. Die ersten Bewohner der Rockies

Tausende Jahre vor den Europäern lebten bereits Menschen in den Bergen im Westen Kanadas. Es gibt bislang nur wenige Gelegenheiten, ihre Geschichte kennenzulernen.

Die kanadischen Ureinwohner leben seit tausenden Jahren in den Rockies – Europäer erst seit ein paar hundert Jahren. Dennoch nimmt man die Kultur der ersten Bewohner kaum wahr. So tragen viele Orte die Namen europäischer Pioniere. Als die Nationalparks gegründet wurden, hat man die Menschen, die in den Gebieten seit Generationen gecampt, gejagt und gefischt hatten, ausgeschlossen und das Jagen und Sammeln verboten. Inzwischen hat Parks Canada diese Praxis als Fehler benannt und gelernt, dass auch im Interesse des Naturschutzes Zusammenarbeit nötig ist. Es ist nun üblich, indigene Gruppen in Entscheidungen einzubeziehen.

Wer sein Wissen über die indigenen Völker Kanadas vertiefen will, findet in Banff einen Anlaufpunkt. Dort in den Feuchtgebieten der Vermilion Lakes haben Archäologen Artefakte entdeckt, die darauf schließen lassen, dass sich bereits vor 10.800 Jahren Menschen im Bow Valley aufgehalten haben. Damit ist es einer der ältesten Fundorte in Westkanada – und nur einer von 416 im Banff National Park. Es ist also angebracht, dass ein Museum Besucher in die Geschichte der Ureinwohner eintauchen lässt, und das einzige in den Rockies, das sich auf dieses Thema konzentriert, ist das Buffalo Nations Luxton Museum, nicht weit vom Fundort.

Das 1960 von Norman Luxton gegründete Museum versucht einen Eindruck vom Leben der Ureinwohner vor und nach dem Kontakt mit den europäischen Siedlern zu vermitteln – unter anderem durch eine Sammlung von historischen Kleidungsstücken, Alltagsgegenständen und Handelsobjekten. In einem Raum werden mit lebensgroßen Puppen verschiedene Szenen des nomadischen Lebensstils nachgestellt. Jährlich im Juni lädt das Museum zu einem Powwow, dem traditionellen Tanzfestival, ein.

Ein guter Ort, um mehr über die Völker auf der anderen Seite der Rockies zu erfahren, ist das Visitor Centre in Radium Hot Springs. Der Ausstellungsraum ist klein, aber in den letzten Jahren neu ausgestattet worden und widmet sich neben Geografie und Tierwelt des Columbia Valley ausführlich der Geschichte der Ktunaxa. In Tonaufnahmen kann man sich mit ihrer Sprache und einigen der regionalen Legenden vertraut machen.

Der Rückgang der Bisons ist ein Thema im Luxton Museum

Und dann gibt es noch den Howse Pass, der einst die indigenen Völker auf beiden Seiten der Berge verband: Die Ktunaxa nutzten diese relativ niedrige Stelle entlang der Continental Divide, um zu den Bisonherden auf die Prärie zu gelangen, die Piegan Blackfeet als Verbindung in den Westen – und das viele Generationen, bevor 1807 eine Erkundungstour den Kartografen David Thompson zum Pass führte. 1978 würdigte Kanada die Bedeutung dieses Ortes mit der Aufnahme in die Liste der National Historic Sites.

Der Pass liegt auf 1539 Metern, 26 Kilometer vom Icefields Parkway entfernt. Doch auch ein Aussichtspunkt direkt am Highway ist ihm gewidmet. Am Howse Pass Viewpoint in der Nähe des Saskatchewan River Crossing hat man vom Waldrand einen grandiosen Blick über das Tal, in dem Howse und Mistaya River mit dem North Saskatchewan River zusammenfließen, bis zum Pass. Auf Schautafeln wird von seiner Bedeutung für First Nations und europäische Pelzhändler erzählt.

Derweil kämpfen die First Nations darum, Naturdenkmälern ihre Namen zurückzugeben. So haben etwa die Stoney Nakoda 2016 beantragt, den Tunnel Mountain in Banff umzubenennen. In ihrer Sprache heißt er Eyarhey Tatanga Woweyahgey Wakân, in Englisch Sacred Buffalo Guardian Mountain, und wie ein liegender Büffel sieht der Berg auch aus. Einen Tunnel hat er indes nicht.

Blick vom Howse Pass Viewpoint zum gleichnamigen Pass

Info

Buffalo Nations Luxton Museum

Lage: 1 Birch Avenue, Banff, AB T0L 0C0, GPS: 51.172222, -115.573472

Anfahrt: Aus dem Zentrum von Banff auf der Banff Avenue (Hauptstraße) nach Süden Richtung Banff Springs Hotel/Bow Falls fahren und nach der Brücke über den Bow River rechts und gleich nochmal rechts abbiegen. Am Flussufer links abbiegen und vor dem Museum auf der linken Straßenseite parken.

Öffnungszeiten: Mai bis September täglich 10 bis 19 Uhr, Oktober bis April täglich 11 bis 17 Uhr

Eintritt: (7 bis 17 J.) 5 CAD, Senioren 9 CAD, Erwachsene 10 CAD

Webseite: buffalonationsmuseum.com

Radium Hot Springs Visitor Centre

Lage: 7556 Main Street East, Radium Hot Springs, BC V0A 1M0; GPS: 50.619500, -116.069500

Anfahrt: Von Lake Louise oder Banff kommend auf dem Highway 93 nach Radium Hot Springs fahren, im Ort an der großen Kreuzung links abbiegen auf den Highway 95, nach 400 m links abbiegen Richtung Redstreak Campground und gleich wieder links in die Main Street. Parkplätze gibt es vor dem Gebäude.

Öffnungszeiten: Im Sommer täglich 9 bis 19 Uhr, freitags bis 21 Uhr, im Winter 9 bis 17 Uhr geöfffnet (geschlossen am 25., 26. 12. und 1.1.).

Eintritt: frei

Webseite: radiumhotsprings.com/radium-hot-springs-visitor-centre

Howse Pass Viewpoint

Lage: Highway 93, Saskatchewan River Crossing, AB T2A 2C1, GPS: 51.972667, -116.737889

Anfahrt: Aus Jasper kommend am Saskatchwan River Crossing vorbeifahren, nach der Kreuzung mit dem Highway 11 sind es noch 350 m bis zum Parkplatz auf der rechten Seite.

Webseite: pc.gc.ca/en/pn-np/ab/banff/decouvrir-discover/histoire-history/howse

Unterkünfte: Speaking Earth, Kulturprogramm mit Übernachtung im Tipi, Workshops und Vollpension vom St. Eugene Golf Resort & Casino, auch ohne Übernachtung Teilnahme an Workshops zu traditionellen Kulturtechniken und geführten Touren möglich, 7777 Mission Road, Cranbrook, BC V1C 7E5, speakingearth.ca

49. Die Bergbauvergangenheit

Inzwischen ist es kaum noch vorstellbar, dass mitten im Banff National Park einst Kohle geschürft wurde. Für die Entwicklung der Region war das aber von Bedeutung – und ist es in manchen Ecken der Rockies immer noch.

Im 20. Jahrhundert war Kohletagebau fast überall in den Rocky Mountains sichtbar. Orte wie Tumbler Ridge oder Canmore sind gegründet worden, weil es Kohlevorkommen in der Gegend gibt und die Arbeiter einen Ort zum Leben brauchten. Heutzutage sind nur noch wenige der Minen in Betrieb – wer einen aktiven Tagebau sehen will, sollte zur Cardinal Divide fahren (siehe Seite 170). In manchen Gegenden, etwa bei Crowsnest Pass, laufen Untersuchungen mit dem Ziel, neue Vorkommen zu erschließen. In den Nationalparks ist diese Zeit aber endgültig vorbei. Dabei liegt unter dem Cascade Mountain bei Banff immer noch Kohle.

Um die Geschichte des hiesigen Bergbaus kennenzulernen und die geologischen Prozesse, die ihm zugrunde liegen, empfiehlt sich ein Besuch im Canmore Museum and Geoscience Centre. Das moderne Museum befindet sich im Erdgeschoss des Rathauses der Stadt. Die Dauerausstellung „From Coal to Community" zeigt anhand von Schautafeln, historischen Artefakten und Videos mit Zeitzeugen, wie und wo die Kohle einst abge-

Klein, aber fein: Das Geoscience Centre in Canmore

Im Geisterdorf Lower Bankhead

baut wurde und wie der Alltag der Bergmänner und ihrer Familien aussah. Nebenbei lernt man interessante Details über die Gegend, etwa dass der erste Ort im Bow Valley weder Banff noch Canmore war, sondern Anthracite, und dass dort 300 Menschen gelebt haben – bis die Mine 1904 geschlossen wurde.

Die Ausstellung erzählt auch von den Ureinwohnern und den ersten Europäern in der Canmore-Region sowie von der Entwicklung der Stadt, seit 1979 die letzte Mine geschlossen wurde. Natürlich ist auch die Olympiade von 1988 ein Thema. Sonderausstellungen befassen sich mit dem aktuellen Bergbau wie dem Kalkwerk vor den Toren der Stadt. An anschaulichen Beispielen macht die Ausstellung klar, welche Rolle Kohle am Anfang des 20. Jahrhunderts gespielt hat: Denn die Züge, die ab 1884 durch das Bow Valley rollten, wurden mit Kohle befeuert, transportierten den Rohstoff zu den Märkten im Westen, aber sie brachten auch die ersten Touristen in die Rockies.

1903, 18 Jahre nach Gründung des Banff National Park und 15 Jahre seit Bestehen des Banff Spring-Hotels, hat die Canadian Pacific Railway eine eigene Kohlemine bei Banff eröffnet, um die Züge und die Hotelheizung zu beliefern. Im Tal unterhalb des Cascade Mountain wuchs in kürzester Zeit das Dorf Bankhead aus der Erde – mit Wohnhäusern, Läden und einer Schule sowie Verarbeitungsanlagen für die Kohle. Doch in den 1920er-Jahren wurde es schwerer, die Mine erfolgreich zu betreiben, und ein Streik setzte ihr 1922 ein jähes Ende. Viele Häuser wurden daraufhin demontiert oder versetzt. Heute stehen noch die Fundamente und Betonwände einiger funktionaler Gebäude, manche bereits von Pflanzen überwuchert. Schwarzer Kohlenstaub liegt auf den Wegen und in Hügeln auf der Wiese. Das und viel mehr sieht und erfährt man auf dem einfachen, 1,1 Kilometer langen Rundweg durch die Geisterstadt.

Kohlehügel auf dem Weg zur C-Level-Cirque

Einen anderen Teil der Kohlemine kann man auf der Wanderung zur C-Level Cirque erkunden. Das Ziel ist ein natürlicher Felskessel am Cascade Mountain, aber C-Level steht für die dritte Ebene, auf der zu Bankheads aktiven Zeiten Kohle unter dem Berg abgebaut wurde. Die Halbtageswanderung beginnt an den Wiesen am Upper Bankhead-Picknickplatz, wo einst die Wohnsiedlung war, und führt von dort durch den Wald bergauf. Nach 1,1 Kilometern erreicht der Weg die Ruine eines Trafo-Gebäudes. Daneben führt ein schmaler Pfad weg vom Hauptweg und nach etwa 100 Metern zu einem Haufen aus festen Kohleabfällen, von dem aus man eine gute Sicht auf den Lake Minnewanka hat. Im Wald oberhalb gelangt man über einen Pfad wieder auf den Hauptweg, der ab Kilometer 1,8 an vielen Löchern im Boden vorbeiführt – den Luftlöchern der C-Level-Mine. Danach geht es im Wald weiter hinauf, bis kurz vor dem Ziel die Bäume den Blick ins Tal und auf fernere Gipfel freigeben. Nach 3,9 Kilometern und 455 Höhenmetern im Aufstieg ist die Cirque am Cascade Mountain erreicht. Schneereste liegen oft noch bis in den Sommer in dem von einem Gletscher geschaffenen Hochtal. Zudem stehen die Chancen nicht schlecht, zwischen Geröll und Hochwiesen Murmeltiere, Pfeifhasen und Erdhörnchen zu entdecken. Zurück geht es auf dem selben Weg.

Erst 1930 hat Kanada im National Parks Act festgelegt, dass Bergbau und Holzgewinnung in den Nationalparks keinen Platz mehr haben. Einige Gemeinden außerhalb stehen aber heute wieder vor der Frage, ob sie neuen Kohlebergbau zulassen sollen. Einerseits bindet der Bergbau Arbeitskräfte in den schrumpfenden Städten und sorgt für wirtschaftlichen Aufschwung, andererseits hinterlässt er Spuren in der Landschaft und befeuert den Klimawandel, der auch für die Rockies, ihre Tier- und Pflanzenwelt eine Herausforderung ist.

Info

Lage: Canmore Museum and Geoscience Centre, 902B 7th Avenue, Canmore, AB T1W 2B6. Die Wanderparkplätze für Lower und Upper Bankhead liegen am Lake Minnewanka Scenic Drive bei Banff, GPS: Canmore Museum 51.089833, -115.360500, Parkplatz Lower Bankhead 51.232833, -115.522833, Parkplatz Upper Bankhead 51.237000, -115.519250

Anfahrt:

- Zum Museum auf dem Highway 1 bei Canmore die Ausfahrt Town Centre nehmen, nach der Ausfahrt (aus Banff kommend rechts, aus Calgary kommend links) abbiegen auf die Railway Avenue, nach 700 m links auf die 8th Street abbiegen und 500 m weiter nach rechts in die 7th Avenue abbiegen. Das Museum ist einen Block weiter auf der rechten Seite, Parkplätze sind auf der linken Seite hinter dem Toilettengebäude.
- Zum Lower Bankhead-Parkplatz gelangt man, wenn man auf dem Highway 1 bei Banff Richtung Lake Minnewanka abfährt, nach der Abfahrt 3 km geradeaus fährt und rechts auf den Parkplatz einbiegt. Der Abzweig zum Upper Bankhead-Parkplatz ist 500 m weiter auf der linken Seite.

Öffnungszeiten:

- Das Canmore Museum ist täglich geöffnet, im Sommer und im Herbst (bis Thanksgiving) montags bis donnerstags 12 bis 16:30 Uhr sowie freitags bis sonntags 10 bis 16:30 Uhr. Im Winter (Thanksgiving bis Mitte/Ende Mai) ist es montags bis freitags von 12 bis 16:30 Uhr geöffnet sowie samstags und sonntags von 11 bis 16:30 Uhr.
- Der Abschnitt des Lake Minnewanka Scenic Drives, an dem diese Wanderparkplätze liegen, ist von November bis Mai geschlossen.

Eintritt: Museum: Kinder unter 12 Jahren frei, Studenten und Senioren 5 CAD, Erwachsene 7 CAD; Bankhead: frei

Unterkünfte: siehe die Kapitel zu Banff und Canmore (Seite 15 und Seite 101)

Webseiten:

- canmoremuseum.com
- parkscanadahistory.com/brochures/banff/bankhead 1988.pdf

Hinweis: Das Museum bietet an festen Terminen im Sommer auch geführte Touren zu den historischen Minen von Canmore an (Kinder 15 CAD, Erwachsene 49 CAD), Reservierung unter +1 403 678 2462.

50. Die Nachthimmel

Dank all der Wildnis ringsum und der Abwesenheit künstlichen Lichts außerhalb der wenigen Städte sind die Rockies ein Gebiet, in dem man nicht vergessen sollte, nach Einbruch der Dunkelheit nach oben zu schauen. Denn auch dort gibt es viel zu sehen.

Es ist ein Anblick, den man nicht vergisst: Grüne Bänder tanzen über den nächtlichen Himmel wie Vorhänge, gegen die der Wind bläst. Pinkfarbene Streifen leuchten zwischen ihnen. Mal dauert die Lichtshow nur wenige Minuten, mal Stunden. Die Rede ist von den Nordlichtern, der Aurora Borealis. Wer dieses Himmelsphänomen in Kanada sehen will, reist dafür oft weit in den Norden, nach Yellowknife oder Whitehorse. Dass man sie auch in den Rockies sehen kann, ahnen viele nicht. Schließlich liegt Banff auf dem selben Breitengrad wie Dresden – auf 51 Grad nördlicher Breite. Und dass man in Deutschland Nordlichter sieht, ist bekanntlich sehr selten.

Sternspuren und Nordlicht am Lake Minnewanka

Die dunklen Nächte sind heimliche Stars in den Rockies.

Dass es in den Rockies anders ist, liegt am Magnetfeld der Erde. Der magnetische Nordpol ist nicht mit dem geografischen identisch und liegt derzeit noch näher an Kanada als an Sibirien. Wenn ein Sonnensturm geladene Teilchen Richtung Erdatmosphäre schickt, werden diese von den Magnetfeldlinien abgelenkt. Wie die Chancen auf Nordlichter stehen, findet man mit einer Website oder App heraus. Seiten wie Aurora Forecast zeigen an, welche geomagnetische Stärke der zu erwartende Sonnenwind hat, den sogenannten kp-Wert. Liegt der bei 3 oder 4, muss man schon in Nordalberta sein, um etwas sehen zu können. In Banff und Umgebung liegt das Minimum bei 5.

Wenn die Vorhersage vielversprechend ist, gilt es den richtigen Standort zu finden. Der sollte möglichst wenige künstliche Lichtquellen haben und eine freie Sicht nach Norden bieten. Einige Empfehlungen für das Kerngebiet der Rockies, von Norden nach Süden, stehen in der Infobox. Wer am Icefields Parkway (siehe Seite 135) übernachtet, hat ohnehin gute Chancen, denn die Straße ist weit weg von Städten und führt überwiegend direkt nach Norden. In Banff hat sich der Damm am Lake Minnewanka zum Mekka der Aurora-Fans entwickelt. In manchen Nächten kann es hier eng werden – dann sind die Cascade Ponds (siehe Seite 13) eine gute Alternative.

Aurora Borealis am Mount Robson

Eine gute Quelle für Tipps und Erfahrungen ist die Facebook-Gruppe Alberta Aurora Chasers. Es handelt sich um einen losen Zusammenschluss von Nordlicht-Enthusiasten, die nichts dagegen haben, sich die Nächte um die Ohren zu schlagen, in der Hoffnung, die Lichter tanzen zu sehen. Mitglieder dieser Gruppe waren es auch, die vor einigen Jahren ein neues Phänomen beobachtet haben: ein weiß bis lila leuchtendes Band, das sich von Ost nach West über den Himmel zieht. Weil selbst Wissenschaftler keine Erklärung dafür hatten, nannten sie den Effekt kurzerhand Steve – nach einer Szene aus dem Trickfilm „Ab durch die Hecke". Dank ihrer Daten und Fotos und einem Satellit, der durch ein solches Band geflogen ist, wissen Forscher zwar immer noch nicht, was Steve ist, aber dass sich in dem Band sehr schnell Ionen nach Westen bewegen und extrem hohe Temperaturen herrschen. Weitere Untersuchungen sollen folgen. Falls also jemand während einer Nordlichtnacht „Steve!" ruft, sollte man den Blick nach Osten oder Westen richten. Mit bloßem Auge sieht man einen Lichtstrahl, der an die Himmelsscheinwerfer erinnert, mit denen Clubs auf sich aufmerksam machen – nur dass es weit und breit nichts dergleichen gibt.

Auch eine Nacht ohne Nordlichter kann in den Rockies etwas Besonderes sein: Die Anzahl und Größe der Städte ist so gering, dass Lichtverschmutzung zwischen Banff und Jasper kaum ein Thema ist. Seit 2011 trägt der

Gute Sicht auf die Nordlichter bieten auch die Cascade Ponds.

…l Park deshalb den Titel „Dark Sky Preserve". Dank der …nte ist es möglich, mit bloßen Augen die Milchstraße als …d mit vielen Details zu sehen. Wenn kein Waldbrand die Luft …d kein Vollmond den Himmel erleuchtet, sind die Bedingungen … und August am besten. Dann steht der helle Teil der Milchstraße … eine Stunde nach Sonnenuntergang, wenn es dunkel geworden ist, … Süden bzw. Südwesten.

Wer die Sterne, die Milchstraße und die Polarlichter auf Fotos festhalten will, braucht ein Stativ und eine Kamera, die sich manuell einstellen lässt. So muss für eine Aufnahme des Sternenhimmels die Blende komplett offen sein, die Iso so hoch, wie es die eigene Kamera zulässt, ohne dass das Ergebnis verrauscht ist (vorher ausprobieren) und die Belichtungszeit sollte bei einem Weitwinkelobjektiv etwa 20 bis 30 Sekunden betragen. Bei Nordlichtern kann man abhängig von deren Helligkeit die Iso zurücknehmen und kürzer belichten (zwei bis fünf Sekunden können ausreichen). Beim Fotografieren sollte man allerdings nicht vergessen, ab und an hochzuschauen. Denn dieses Spektaktel – sei es das Funkeln der Sterne oder die Aurora Borealis – will man nicht verpassen.

Info

Gute Beobachtungsorte für Nordlichter

Mount Robson Visitor Centre

Lage: Viewpoint Road, Mount Robson, BC V0E 2Z0, GPS: 53.035500, -119.228833

Anfahrt: In Jasper auf den Highway 16 Richtung Tête Jaune Cache fahren, nach 85 km rechts auf den Parkplatz am Visitor Centre fahren. Die Aussichtsterrasse und die Wiese hinter dem Gebäude bieten einen guten Blick.

Edith Lake Beach

Lage: Am Ende der Lake Annette Road, Jasper, AB T0E 1E0, GPS: 52.907444, -118.044528

Anfahrt: Vom großen Parkplatz am Bahnhof in Jasper nach rechts auf den Connaught Drive abbiegen. Nach 2,6 km links auf den Highway 16 abbiegen. Nach 1,8 km rechts auf die Maligne Lake Road abbiegen und nach der Brücke gleich wieder rechts. 1,2 km weiter links abbiegen auf die Lake Annette Road. Der Parkplatz am Lake Edith liegt am Ende der Straße auf der linken Seite.

Pyramid Lake

Lage: Pyramid Beach Road, Jasper, AB T0E 1E0, GPS: Strand 52.915917, -118.100528, Brücke zur Insel 52.924278, -118.096750

Anfahrt: Vom großen Parkplatz am Bahnhof in Jasper rechts auf den Connaught Drive abbiegen, nach 550 m links auf die Pyramid Lake Road abbiegen und ihr für 5,4 km folgen. Links in die Pyramid Beach Road abbiegen und einen der kleinen Strände aufsuchen. Oder noch 1,4 km weiter am Ufer entlang auf der Pyramid Lake Road fahren und auf die Brücke zur Pyramid Island gehen.

Emerald Lake Lodge

Lage: 1 Emerald Lake Road, Field, BC V0A 1G0, GPS: 51.439806, -116.537972

Anfahrt: Vom Visitor Centre in Field links auf den Trans-Canada Highway 1 abbiegen, nach 1,6 km rechts auf die Emerald Lake Road abbiegen. Nach 9,2 km ist der Parkplatz am See erreicht. Einen schönen Blick über den Emerald Lake nach Norden hat man, wenn man über die Brücke zur Lodge und ein Stück auf dem Rundweg nach rechts läuft, vorbei am Hauptgebäude

Lake Minnewanka (Cascade Ponds, siehe Seite 13)

Lage: Lake Minnewanka Scenic Drive, Improvement District No. 9, AB T1L 1K2, GPS: 51.242694, -115.494861

Anfahrt: Im Zentrum von Banff auf der Banff Avenue Richtung Norden (Cascade Mountain) starten, nach 4,5 km weiter geradeaus unter dem Highway durch auf den Lake Minnewanka Scenic Drive fahren, nach 950 m rechts abbiegen und der Straße weitere 7,8 km folgen. Auf der rechten Seite, kurz vor dem Damm, befindet sich ein kleiner Parkplatz. Ein Pfad führt von hier hinunter ans Ufer.

Webseiten:

- facebook.com/groups/AlbertaAuroraChasers
- aurora-service.org/aurora-forecast
- nytimes.com/2017/04/25/science/aurora-borealis-steve.html (über Steve)

Hinweis: Jährlich im Oktober findet in Jasper das Dark Sky Festival mit Vorträgen und Workshops statt, jasperdarksky.travel

Bonus

Marc Lautenbacher
284 Seiten – 14,95 €
ISBN 978-3-947164-00-4

Wolfgang Opel
216 Seiten – 14,95 €
ISBN 978-3-947164-27-1

Jörg Michel
224 Seiten – 14,95 €
ISBN 978-3-947164-60-8

BRITISH COLUMBIA, NOVA SCOTIA, QUÉBEC UND ONTARIO

50 Highlights abseits der ausgetretenen Pfade

Jeweils 50 einzigartige Orte und Routen der jeweiligen Provinzen werden in diesen Büchern vorgestellt, die es vielleicht nicht auf Ihren Reiseplan geschafft haben, die es aber genauso wert sind, entdeckt zu werden wie die Blockbuster von der Hochglanzpostkarte. Wer die ausgetretenen Pfade verlässt, lernt von einer beeindruckenden Seite neu Orte kennen.

360° medien | Marie-Curie-Straße 31 | 40822 Mettmann